JN272019

改憲論議の矛盾

憲法96条改正論と
集団的自衛権行使容認

Iida Taishi
飯田泰士

花伝社

まえがき

　憲法96条は，憲法改正手続について規定している。
　安倍政権・自由民主党は，その憲法96条を改正して，国会発議要件「各議院の総議員の3分の2以上の賛成」を「各議院の総議員の過半数の賛成」にしようとしている。
　最近，2014年2月にも，安倍晋三首相は，国会で，憲法96条改正の必要性を主張した。
　そして，安倍首相は，憲法に対する国民の意思表示の機会・憲法に関する国民の議論を活発にすることを重視して，憲法96条改正を主張している。
　主権者は，国民だ。
　だから，憲法に対する国民の意思表示の機会・憲法に関する国民の議論を活発にすることを重視するのは，望ましいことだ。
　では，それらを重視した場合，自由民主党の憲法改正の案である『日本国憲法改正草案』に問題はないのだろうか。
　例えば，それらを重視した場合，憲法96条改正をして，国会発議要件「各議院の総議員の3分の2以上の賛成」を「各議院の総議員の過半数の賛成」にするべきという結論になるのだろうか。より望ましい選択はないのだろうか。そして，より望ましい選択がある場合，なぜ，安倍政権・自由民主党は，そのような憲法96条改正を目指しているのだろうか。
　また，最近，安倍政権・自由民主党は，政府の憲法解釈変更による集団的自衛権行使容認を目指している。
　集団的自衛権行使容認の方法としては，憲法改正・政府の憲法解釈

変更があるが，憲法に対する国民の意思表示の機会・憲法に関する国民の議論を活発にすることを重視した場合，政府の憲法解釈変更という方法を採用するべきなのだろうか。

　安倍政権・自由民主党は，憲法に対する国民の意思表示の機会・憲法に関する国民の議論を活発にすることを重視して，活動しているのだろうか。

　以上のように，憲法96条改正に関する安倍首相の主張から，安倍政権・自由民主党の憲法改正に関する動きを考えることが，本書の中心的テーマだ。

　もちろん，憲法96条改正・集団的自衛権行使容認等に関する基本的事項についても述べる。

飯田泰士

改憲論議の矛盾——憲法 96 条改正論と集団的自衛権行使容認

◆

目　次

まえがき i

I はじめに──集団的自衛権行使容認と憲法96条改正── 7

II 個別的自衛権と集団的自衛権 9

1 自衛権・個別的自衛権・集団的自衛権 9
2 個別的自衛権に関する内閣法制局長官の答弁 10
3 集団的自衛権に関する政府の憲法解釈 10
4 集団的自衛権と憲法 11

III 憲法改正と憲法解釈変更 13

1 集団的自衛権行使容認のための方法 13
2 憲法改正 13
3 政府の憲法解釈の変更 15
　(1) 憲法解釈変更の動き 15
　(2) 憲法解釈と内閣法制局 16
4 憲法解釈変更から教えられること 18

IV 政府の憲法解釈の変更 19

1 憲法解釈は変更可能か 19
2 憲法解釈変更の前例 19
3 大した問題ではない？ 20
4 憲法9条に関する憲法解釈は特別 20
5 便宜的・意図的な憲法解釈変更の問題点 21

V 憲法 96 条改正論と集団的自衛権行使容認　23

1 憲法改正と憲法解釈変更　23
2 憲法改正手続とその改正　23
　（1）憲法改正手続はどのようなものか　23
　（2）憲法改正手続の改正　25
3 憲法 96 条改正論の具体例　26
4 憲法 96 条改正論の目的　27
5 安倍晋三首相答弁から教えられる 2 つのこと　29
6 国民の議論の活発化　31
7 国民の意思表示の機会　32
8 国民の発案権　34
　（1）大きくなる疑問　34
　（2）認められていない国民の発案権　35
　（3）発案権に関する残念なお知らせ　41
　（4）発案権と幻想　44
　（5）「国民は黙っていろ」　47
　（6）憲法改正の主人公　49
　（7）削除された国民の名　50
9 憲法を国民の手に取り戻す？　52
　（1）「憲法を国民の手に取り戻す」　52
　（2）誇大広告と薬事法　54
　（3）勝ちと負け　56
　（4）誰が憲法を取り戻すのか？　57
　（5）2 つの問題の解消　59

VI 原子力発電所と国民投票　63

1 国民投票は3種類　63
2 一般的国民投票の導入が主張される理由　64
3 導入に賛成しなかったのは誰か？　65
4 導入に賛成しなかったのはなぜか？　66
5 憲法改正国民投票と一般的国民投票　67
6 海外における一般的国民投票　71

VII 国の形　73

1 ここまでの視点　73
2 国民投票と国の形　73
3 平和主義と国の形　75
4 集団的自衛権行使と国の形　75
　（1）集団的自衛権行使容認が導くこと　75
　（2）集団的自衛権行使のイメージ　76
　（3）自衛隊とPKO　77
　（4）自衛隊とイラク・インド洋　77
　（5）理解の不十分さ　78
　（6）米艦防護とミサイル迎撃　79
　（7）集団的自衛権の対象国はどの国？　82
　（8）サイバー攻撃と集団的自衛権　83
　（9）テロと集団的自衛権　83
　（10）集団的自衛権行使が導くこと　84
　（11）国民に生じるリスク　86

Ⅷ 集団的自衛権行使と総選挙　88

1 問題の重大性　88
2 議論・意思表示と総選挙　88
　（1）国民の議論・意思表示　88
　（2）政治参加の方法　89
3 政治参加としての投票　89
　（1）3つの良い点　89
　（2）簡単にできる投票　89
　（3）影響力が平等な投票　90
　（4）影響力が大きな投票　90
4 国民投票と総選挙　93
　（1）国民投票と総選挙の類似点　93
　（2）国民投票と総選挙の相違点　97
5 参議院議員通常選挙と集団的自衛権　99
　（1）政権公約（マニフェスト）と公職選挙法　99
　（2）政権公約と集団的自衛権　100
　（3）政策集と集団的自衛権　101
　（4）2種類の政策集　103
　（5）国家安全保障基本法と集団的自衛権　104
　（6）法律の誠実な執行と憲法に違反する法律　105
6 国民の理解と政府・政党のアシスト　105

Ⅸ 憲法改正論議に関する一貫性　107

1 批判の一貫性　107
　（1）集団的自衛権行使容認と批判　107
　（2）憲法96条先行改正論と批判　107

（3）新押し付け憲法論　108
　2　ブレてる？　ブレてない？　110

Ⅹ　おわりに　115

注　117

参考資料　144

あとがき　151

Ⅰ はじめに
―― 集団的自衛権行使容認と憲法 96 条改正 ――

　2012 年 12 月 16 日，第 46 回衆議院議員総選挙があった。
　その選挙で，自由民主党は圧勝した。
　そして，その結果，政権交代が起こり，自由民主党を中心とする政権が誕生した。
　自由民主党は，憲法の自主的改正を目指している[1]。
　また，自由民主党総裁でもある安倍晋三内閣総理大臣は，憲法改正に意欲的に取り組んできた政治家だ[2]。2013 年 8 月 12 日にも，安倍晋三内閣総理大臣は「憲法改正に向けて頑張っていく。これが私の歴史的な使命だ」と発言し，憲法改正への意欲を示した[3]。
　そのため，その選挙以降，憲法・憲法改正に社会的な注目が集まっている。
　特に注目が集まっているのは，憲法 9 条改正・憲法 96 条改正に関してだ。
　具体的にいうと，憲法 9 条改正に関しては，集団的自衛権の行使を可能にするか・国防軍を保持するかということが注目されている。
　また，憲法 96 条改正に関しては，国会が憲法改正の発議をするための要件（国会発議要件）「各議院の総議員の 3 分の 2 以上の賛成」を「各議院の総議員の過半数の賛成」にするかということが注目されている。
　そのような中，2013 年 7 月 21 日の第 23 回参議院議員通常選挙以降，憲法・憲法改正に関して，活発な動きがある。
　それが，憲法改正ではなく政府の憲法解釈の変更によって，集団的

自衛権の行使を可能にするという動きだ（なお，憲法改正によって集団的自衛権の行使を可能にする場合も，政府の憲法解釈の変更によって集団的自衛権の行使を可能にする場合も，集団的自衛権行使のための法整備が必要だ。だから，前者に関しては，憲法改正をすればそれだけで済むということでは全くないし，また，後者に関しては，政府の憲法解釈の変更をすればそれだけで済むということでは全くない）。

　憲法改正ではなく政府の憲法解釈の変更によって，集団的自衛権の行使を可能にすることに問題はないのだろうか。

　憲法改正によって集団的自衛権の行使を可能にすることと，政府の憲法解釈の変更によって集団的自衛権の行使を可能にすることには，どのような違いがあるのだろうか。

　本書では，憲法改正・政府の憲法解釈の変更によって，集団的自衛権の行使を可能にすることについて考える。

　そして，それについて考えるにあたっては，憲法学・政府の憲法解釈・国会における議論・政治の動向等をふまえて具体的に考える。

　また先程述べたように，憲法9条改正・憲法96条改正に関しては，現在，特に注目が集まっている。そこで，それについて考えるにあたっては，集団的自衛権の行使と直接関係する憲法9条改正に関して考えるだけではなく，憲法96条改正と具体的に絡めて考える。憲法改正・政府の憲法解釈の変更によって集団的自衛権の行使を可能にすることと，憲法96条改正に関する議論の間には，実は，密接な関係がある。

　そのため，本書は，集団的自衛権の行使を可能にする動きを通して，憲法96条改正に関する問題点・疑問点を指摘するものともいえる。

　簡単にいうと，憲法改正・政府の憲法解釈の変更によって集団的自衛権の行使を可能にすることと憲法96条改正をリンクさせて論じるのが，本書だ。

II 個別的自衛権と集団的自衛権

1 自衛権・個別的自衛権・集団的自衛権

そもそも，集団的自衛権とは何だろうか。

集団的自衛権は「自衛権」の前にわざわざ「集団的」とつけているのだから，自衛権は集団的自衛権だけではないのだろうか。

自衛権には，個別的自衛権と集団的自衛権がある（なお，一般的には，ただ「自衛権」という言葉が使用される場合，個別的自衛権・集団的自衛権の両者を包括する概念として使用される場合と，個別的自衛権のみを指して使用される場合がある[4]。そのため，ただ「自衛権」という言葉が使用されている場合，一般的には，その「自衛権」という言葉が，個別的自衛権・集団的自衛権の両者を包括する概念として使用されているのか，それとも，個別的自衛権のみを指して使用されているのかを，文脈によって判断することになる。しかし，それではわかりにくいので，本書では，ただ「自衛権」という言葉を使用する場合，個別的自衛権・集団的自衛権の両者を包括する概念として使用する）。

個別的自衛権とは，自国に対する武力攻撃を，実力をもって阻止する権利[5]。

集団的自衛権とは，自国と密接な関係にある外国に対する武力攻撃を，自国が直接攻撃されていないにもかかわらず，実力をもって[6]阻止する権利[7]。

そのため，個別的自衛権・集団的自衛権は自衛権という点では同じだが，自国に対する武力攻撃に対処するものか否かという点で大きく

違う。

2 個別的自衛権に関する内閣法制局長官の答弁

そして，日本は，個別的自衛権を保有し，行使することができる[8]。

そのことに関して，1999年5月11日，第145回国会参議院日米防衛協力のための指針に関する特別委員会で，大森政輔政府委員・内閣法制局長官（当時）は「御承知のとおり日本国憲法は，いわゆる戦争等を放棄し，また戦力はこれを保持しないというふうに規定しているわけでございますが，これによりまして我が国が主権国として持つ固有の自衛権は何ら否定されていないというふうに考えられているところでございます。すなわち，その理由にわたるわけでございますが，憲法前文がいわゆる平和的生存権を有することを確認しているということを踏まえますと，我が国が自国の平和と安全を維持し，その存立を全うするために必要な自衛の措置をとり得ることは国家固有の権能の行使として当然であり，憲法九条がこれを禁止しているとは到底考えられない，これは有名な最高裁判所の砂川事件判決[9]においても確認しているところでございます。したがいまして，我が国に対して武力攻撃があったという場合におきましては，平和と独立を維持回復するため，すなわち換言しますと，我が国を防衛するために必要最小限度の実力を行使する，またそのための裏づけとなる自衛のための必要最小限度の実力を保持するということは，もとより憲法の否定するところではない，このように解しているところであります」と答弁した[10]。

3 集団的自衛権に関する政府の憲法解釈

では，日本は，集団的自衛権も保有し，行使することができるのだろうか。

そうではない。

集団的自衛権に関する政府の憲法解釈は「国際法上，国家は，集団

的自衛権，すなわち，自国と密接な関係にある外国に対する武力攻撃を，自国が直接攻撃されていないにもかかわらず，実力をもつて阻止する権利を有しているものとされている。我が国が，国際法上，このような集団的自衛権を有していることは，主権国家である以上，当然であるが，憲法第九条の下において許容されている自衛権の行使は，我が国を防衛するため必要最小限度の範囲にとどまるべきものであると解しており[11]，集団的自衛権を行使することは，その範囲を超えるものであつて，憲法上許されないと考えている」というものだ[12]。

その政府の憲法解釈は，1981年5月29日の鈴木善幸内閣総理大臣「衆議院議員稲葉誠一君提出『憲法，国際法と集団的自衛権』に関する質問に対する答弁書」に基づくものであり，以後，その答弁が繰り返されることとなった[13]。2013年8月13日の安倍晋三内閣総理大臣「衆議院議員辻元清美君提出集団的自衛権の行使に関する質問に対する答弁書」も「現時点で，集団的自衛権に関する政府の憲法解釈は従来どおりである」としている[14]。

つまり，日本は，国際法上集団的自衛権を保有しているが，憲法上それを行使することができない，ということだ[15]。

なお，憲法学説においても，日本は集団的自衛権を行使することができないというのが通説だ，つまり，一般的な考え方だ（もちろん，憲法学説の少数説として，日本は集団的自衛権を行使することができるという考え方もある）[16]。

4 集団的自衛権と憲法

というように，日本は，憲法上，集団的自衛権を行使することができない。

そのことに関するポイントは，憲法の明文規定によって，日本が集団的自衛権を行使することができないわけではなく，政府の憲法解釈上，日本は集団的自衛権を行使することができないということだ。

つまり，憲法に，「集団的自衛権は行使することができない」というような明文規定があるわけではない。
　そもそも，「自衛権」という言葉が，明文規定として憲法にはない。

Ⅲ 憲法改正と憲法解釈変更

1 集団的自衛権行使容認のための方法

そうすると，集団的自衛権の行使を可能にするための方法として，憲法改正・政府の憲法解釈の変更を考えることができる。

以下，具体的に述べる。

2 憲法改正

まず，集団的自衛権の行使を可能にするための方法として，憲法改正が考えられる。

自由民主党「日本国憲法改正草案」9条が，その方法を採用している［自由民主党「日本国憲法改正草案」は，自由民主党が「いずれ憲法改正案の原案（憲法改正原案）として国会に提出することになる」と考えているものだ[17]］。

そこで，以下，憲法9条と自由民主党「日本国憲法改正草案」9条を比較して，その方法について具体的に示す。

　　憲法9条
　　1項　日本国民は，正義と秩序を基調とする国際平和を誠実に希求し，国権の発動たる戦争と，武力による威嚇又は武力の行使は，国際紛争を解決する手段としては，永久にこれを放棄する。
　　2項　前項の目的を達するため，陸海空軍その他の戦力は，これを保持しない。国の交戦権は，これを認めない。

自由民主党「日本国憲法改正草案」9条 [18]
　　1項　日本国民は，正義と秩序を基調とする国際平和を誠実に希求し，国権の発動としての戦争を放棄し，武力による威嚇及び武力の行使は，国際紛争を解決する手段としては用いない。
　　2項　前項の規定は，自衛権の発動を妨げるものではない。

　憲法9条1項と自由民主党「日本国憲法改正草案」9条1項を比較すると，両者の言葉は異なるが，基本的な意味は同じといえる [19]。
　ポイントは，憲法9条2項と自由民主党「日本国憲法改正草案」9条2項。
　憲法9条2項と自由民主党「日本国憲法改正草案」9条2項を比較すると，両者の言葉は明らかに異なる。しかも，大きく。
　自由民主党「日本国憲法改正草案」9条2項では，憲法9条2項の「前項の目的を達するため，陸海空軍その他の戦力は，これを保持しない。国の交戦権は，これを認めない」という言葉は削除され，「前項の規定は，自衛権の発動を妨げるものではない」という言葉になっている。
　先程述べたように，一般的には，ただ「自衛権」という言葉が使用される場合，個別的自衛権・集団的自衛権の両者を包括する概念として使用される場合と，個別的自衛権のみを指して使用される場合がある。
　自由民主党「日本国憲法改正草案」9条2項の「自衛権」は，個別的自衛権・集団的自衛権の両者を包括する概念として使用されているのだろうか，それとも，個別的自衛権のみを指して使用されているのだろうか。前者と後者では，自由民主党「日本国憲法改正草案」9条2項の意味が大きく違うので，問題となる。
　そのことについては，自由民主党「日本国憲法改正草案Q&A」に「今回，新たな9条2項として，『自衛権』の規定を追加していますが，

これは，従来の政府解釈によっても認められている，主権国家の自然権（当然持っている権利）としての『自衛権』を明示的に規定したものです。この『自衛権』には，国連憲章が認めている個別的自衛権や集団的自衛権[20]が含まれていることは，言うまでもありません」と書かれている[21]。

つまり，自由民主党「日本国憲法改正草案」9条2項の「自衛権」は，個別的自衛権・集団的自衛権の両者を包括する概念として使用されている。

そして，さらに，自由民主党「日本国憲法改正草案Q&A」には「現在，政府は，集団的自衛権について『保持していても行使できない』という解釈をとっていますが，『行使できない』とすることの根拠は『9条1項・2項の全体』の解釈によるものとされています。このため，その重要な一方の規定である現行2項（『戦力の不保持』等を定めた規定）を削除した上で，新2項で，改めて『前項の規定は，自衛権の発動を妨げるものではない』と規定し，自衛権の行使には，何らの制約もないように規定しました」と書かれている[22]。

つまり，自由民主党「日本国憲法改正草案」9条2項に基づく憲法改正をすると，日本は，憲法上，集団的自衛権の行使をすることができるようになる。

なお，もちろん，集団的自衛権を行使するためには，法律の根拠が必要となる。すなわち，法律によって，どのような場合に，どのような要件で，集団的自衛権を行使することができるかを明確に規定する必要がある[23]。集団的自衛権の行使を可能にする憲法改正をすれば，それだけで済む，ということでは全くない。

3 政府の憲法解釈の変更
(1) 憲法解釈変更の動き

というように，集団的自衛権の行使を可能にするための方法として，

憲法改正が考えられる。

　ただ，先程述べたように，憲法の明文規定によって，日本が集団的自衛権を行使することができないわけではなく，政府の憲法解釈上，日本は集団的自衛権を行使することができない。

　そのため，集団的自衛権の行使を可能にするためには，憲法改正は必要ではなく，日本は集団的自衛権を行使することができないという政府の憲法解釈を変更すればよい，すなわち，政府の憲法解釈を変更し，日本は集団的自衛権を行使することができるという政府の憲法解釈にすればよい，と考えることもできる[24]。

　つまり，集団的自衛権の行使を可能にするための方法として，政府の憲法解釈の変更が考えられる。

　2013年7月21日の第23回参議院議員通常選挙の翌日の2013年7月22日，その方法に関する「経済政策に最優先で取り組む考えを示しましたが，そのほかにも集団的自衛権の行使をめぐる憲法解釈見直しや選挙制度改革の重要課題に，どのように取り組むか，お考えをお聞かせください」という質問に対して，内閣総理大臣でもある安倍晋三自由民主党総裁は「集団的自衛権について，日本を取り巻く安全保障環境が大きく変わる中で，日本国民を守るために何が必要かという観点から引き続き安保法制懇[25]での議論を進めてまいります。個別具体的な分類をしていく中で，この議論は進めてきたわけですが，同時に友党，公明党の皆さま方のご理解を得る努力も積み重ねていきたいと考えております」と回答した[26]。

　その回答からわかるように，安倍晋三内閣・自由民主党は，政府の憲法解釈の変更によって，集団的自衛権の行使を可能にすることを目指している。

(2) 憲法解釈と内閣法制局

　そして，すでに，そのための具体的な動きもある。

最近注目されたことでいうと，安倍晋三内閣は，内閣法制局長官に小松一郎氏を起用した（なお，内閣法制局とは内閣法制局設置法に基づき内閣に設置されている機関で[27]，内閣法制局の長が内閣法制局長官だ。そして，内閣法制局設置法3条3号は，内閣法制局の所掌事務として「法律問題に関し内閣並びに内閣総理大臣及び各省大臣に対し意見を述べること」と明記している。そのため，行政府において，内閣法制局の憲法解釈が専門的意見として最大限尊重されることが制度上予定されている，と考えられている[28]）。

　そして，その人事の目的は，集団的自衛権に関する政府の憲法解釈を堅持する立場の山本庸幸氏を内閣法制局長官から退任させ，政府の憲法解釈の見直しに前向きな小松一郎氏を起用することで，集団的自衛権に関する政府の憲法解釈の変更の議論を進めることとされる[29]。つまり，政府の憲法解釈の変更によって集団的自衛権の行使を可能にするための布石が，その人事とされる[30]。

　政府の憲法解釈の変更によって集団的自衛権の行使を可能にすることに対する山本庸幸氏と小松一郎氏の考え方の違いは，以下の両者の発言からよくわかる。

　2013年8月19日，小松一郎内閣法制局長官は，集団的自衛権の行使を可能にするための政府の憲法解釈の変更の議論について「内閣法制局としても積極的に参加する」と発言した[31]。

　2013年8月20日，最高裁判所裁判官への就任会見で，前内閣法制局長官の山本庸幸氏は，集団的自衛権の行使を可能にすることに関する「憲法の条文が変わっていないのに，解釈を変更して対応することは可能か」という質問に対して「その可能性は決して否定するものではないが，私自身は，国会で何回も説明されたこともあり，説明してきたこともあり，非常に私自身は難しいと思っている」と回答し，さらに，「もう一度言うが，私自身は完全な地球の裏側まで行くような集団的自衛権を実現するためには，憲法改正をした方が適切だろう，

それしかないだろうと思っている」と発言した[32]［ちなみに，1983年2月22日，第98回国会衆議院予算委員会で，角田禮次郎政府委員・内閣法制局長官（当時）は「仮に，全く仮に，集団的自衛権の行使を憲法上認めたいという考え方があり，それを明確にしたいということであれば，憲法改正という手段を当然とらざるを得ないと思います。したがって，そういう手段をとらない限りできないということになると思います」と答弁した[33]］。

　なお，もちろん，政府の憲法解釈の変更によって集団的自衛権の行使を可能にする場合も，法整備が必要となる。政府の憲法解釈の変更をすれば，それだけで済む，ということでは全くない。

4 憲法解釈変更から教えられること

　というように，集団的自衛権の行使を可能にするための方法として，憲法改正・政府の憲法解釈の変更を考えることができる。

　そして，今，安倍晋三内閣・自由民主党は，政府の憲法解釈の変更によって，集団的自衛権の行使を可能にすることを目指しているわけだが，そのことから，以下のことを教えてもらえる。

　❶政府の憲法解釈は変更される可能性がある。

Ⅳ 政府の憲法解釈の変更

1 憲法解釈は変更可能か

　では，憲法改正ではなく政府の憲法解釈の変更によって，集団的自衛権の行使を可能にすることに問題はないのだろうか。

　そもそも，政府の憲法解釈は変更することができるのか。

　法令上，政府の憲法解釈の変更は禁止されていない[34]。

　そのため，法令上，政府の憲法解釈の変更は可能だ（そうだからこそ，安倍晋三内閣・自由民主党は，政府の憲法解釈の変更によって，集団的自衛権の行使を可能にすることを目指しているわけだ）。

　そして，1997年2月28日，第140回国会衆議院予算委員会で，大森政輔政府委員・内閣法制局長官（当時）は「そもそも，法解釈というのは変更が不可能なのかどうかということについて，それは不可能であるということを申し上げてきたつもりはございません。法解釈の変更があり得ることは，これは裁判所大法廷判決による判例の変更というものが制度としてもちろん予定され，現実にも行われ，それの前提としては法解釈の変更を伴う場合が多々あろうかと思います」と答弁した[35]。つまり，政府の憲法解釈の変更は可能ということだ。

2 憲法解釈変更の前例

　実際，政府の憲法解釈の変更の前例といえるものはある。

　その例としては，憲法66条2項「内閣総理大臣その他の国務大臣は，文民でなければならない」の「文民」に関することをあげられる。

　当初，自衛官は文民に当たるとされていた。

しかし，後に，自衛官は文民に当たらないとされた[36]。

3 大した問題ではない？

というように，政府の憲法解釈の変更は可能で，しかも，政府の憲法解釈の変更の前例といえるものがある。

そのことをふまえると，「集団的自衛権に関する政府の憲法解釈の変更は大した問題ではない」と思う人もいるかもしれない。

4 憲法9条に関する憲法解釈は特別

ただ，先程示した，1997年2月28日，第140回国会衆議院予算委員会，大森政輔政府委員・内閣法制局長官（当時）答弁には，続きがある。

それは，「ただ，私が法解釈の変更は困難であると申しましたのは，特に九条に関する政府の解釈と申しますのは，憲法の基本理念の一つである平和主義という国の基本的なあり方に係るものでありまして，長年の議論の積み重ねによって確定し，定着している考え方，解釈というものを，政策上の必要性によって変更するということは困難ではないかということを申し上げたわけでございます」というものだ[37]。

つまり，集団的自衛権に関する政府の憲法解釈を含め，憲法9条に関する政府の憲法解釈は，①平和主義という憲法の基本理念に関するもので[38]，②長年の議論の積み重ねによって確定し，定着しているので[39]，③政策上の必要性によって変更するのは困難ではないか，ということだ。憲法9条に関する政府の憲法解釈には，特別な点があるということだ。

その答弁をふまえると，「集団的自衛権に関する政府の憲法解釈の変更は大した問題ではない」とはいえない。

5 便宜的・意図的な憲法解釈変更の問題点

　そして，そもそも，政府の憲法解釈の変更は可能で，しかも，政府の憲法解釈の変更の前例といえるものがあるといっても，そのことは，政府の憲法解釈の変更を便宜的・意図的にしてよいということを意味するものではない。

　政府が，政策の実現のために，その憲法解釈を便宜的・意図的に変更してしまうと，政府の憲法解釈に対する国民の信頼が損なわれるおそれがあるし，それどころか，憲法自体・政府に対する国民の信頼が損なわれるおそれがある[40]。

　「昨日は憲法上集団的自衛権を行使することはできませんでした。でも，今日からは憲法上集団的自衛権を行使することができます」「昨日は憲法上集団的自衛権を行使することができました。でも，今日からは憲法上集団的自衛権を行使することはできません」なんていうことにしばしばなったら，政府の憲法解釈・憲法自体・政府に対する国民の信頼が損なわれるおそれがあるということは，わかるだろう。

　しかも，憲法は最高法規なので[41]，政府が，政策の実現のために，その憲法解釈を便宜的・意図的に変更してしまい，その憲法解釈がしばしば変更されてしまうと，社会の混乱につながるおそれがある。政策実現の重要性・必要性はいくらでも主張できるのだから，政策の実現のために，政府の憲法解釈を変更しだすと，きりがなくなるおそれがある。

　また，まず憲法があって，憲法の範囲内で政策が実行される。まず政策があって，その政策を実行するために憲法が解釈されるのではない。憲法は，権力を制限することによって，自由を保障するためのものだ（立憲的意味の憲法。立憲的意味の憲法は，憲法を考える場合の出発点となる最も重要な観念だ）[42]。わかりやすくいうと，権力によって自由を侵害されてしまうおそれのある国民が，その自由を守るために，権力を縛るための道具が憲法だ。その憲法の解釈を，政府が

政策の実現のために，便宜的・意図的に変更してしまうと，憲法のそのような役割を果たすことが困難になるおそれがある。

Ⅴ 憲法96条改正論と集団的自衛権行使容認

1 憲法改正と憲法解釈変更

　そして，以上で述べた便宜的・意図的な政府の憲法解釈変更の問題点をふまえると，社会の動きに憲法が適合しなくなり，憲法を原因に必要な政策を実行できないのであれば，必要な政策を実行するという目的を達成するためには，政府の憲法解釈の変更でその目的を達成することができる場合であっても，政府の憲法解釈の変更という方法を採用するべきではなく，憲法改正という方法を採用するべきだ。

　先程述べたように，集団的自衛権の行使を可能にするための方法として，憲法改正・政府の憲法解釈の変更を考えることができる。

　だから，集団的自衛権の行使を可能にすることが必要と考えるのであれば，政府の憲法解釈の変更ではなく，憲法改正によって，集団的自衛権の行使を可能にすることを目指すべきだ。

　そして，他の観点からも，そのようにいえる。

　その「他の観点」とは，憲法96条改正に関する観点だ。

　そこで，以下，その話をする。

2 憲法改正手続とその改正
(1) 憲法改正手続はどのようなものか

　最近，政界で憲法96条改正の動きがある。

　憲法96条は憲法改正手続について規定している。

　その憲法96条を改正し，憲法改正要件を緩和しよう，憲法改正をしやすくしようというのが今回の動きだ。

そして，簡単にいうと，憲法改正は，「発案→発議→承認」という流れで行われる（なお，「発案」は，法律上「発議」と書かれている[43]。ただ，「発議→発議→承認」として話を進めると，「発議」という言葉が2つの意味で使用されることを原因に，話がわかりにくくなってしまうおそれがあり，しかも，一般的に「発案」という言葉も使用されるので[44]，本書では「発案」という言葉を使用する）。

「発案」とは憲法改正原案を提出すること，「発議」とは国民投票にかける憲法改正案を決定すること，「承認」とは国民投票で承認することだ[45]。

つまり，簡単にいうと，憲法改正原案が「発案」され，それに関する審議を経て，国会が憲法改正案を「発議」し，その憲法改正案が国民投票にかけられ，国民投票で「承認」されると，憲法改正がされる，ということだ。

では，憲法96条は，具体的にはどのような条文なのだろうか。

憲法96条を示す。

> 憲法96条
> 1項　この憲法の改正は，各議院の総議員の三分の二以上の賛成で，国会が，これを発議し，国民に提案してその承認を経なければならない。この承認には，特別の国民投票又は国会の定める選挙[46]の際行はれる投票[47]において，その過半数の賛成を必要とする。
> 2項　憲法改正について前項の承認を経たときは，天皇は，国民の名で，この憲法と一体を成すものとして，直ちにこれを公布する。

まず，「発議」については，憲法96条1項に「各議院の総議員の三分の二以上の賛成で，国会が，これを発議し」と書かれている。

また，「承認」については，憲法96条1項に「国民に提案してその承認を経なければならない。この承認には，特別の国民投票又は国会の定める選挙の際行はれる投票において，その過半数の賛成を必要とする」と書かれている。
　しかし，「発案」については，憲法96条1項にも，憲法96条2項にも，書かれていない。「発案」については，憲法に規定がない。
　つまり，憲法改正のための「発案→発議→承認」という流れのうち，「発議」「承認」については憲法に規定があるが，「発案」については憲法に規定がないということだ。
　そして，「発議」に関する「各議院の総議員の三分の二以上の賛成で，国会が，これを発議し」という規定を見るとわかるように，国会が発議するための要件（国会発議要件）は「各議院の総議員の3分の2以上の賛成」だ。
　また，「承認」に関する「国民に提案してその承認を経なければならない。この承認には，特別の国民投票又は国会の定める選挙の際行はれる投票において，その過半数の賛成を必要とする」という規定を見るとわかるように，国民投票で承認されるための要件（国民投票承認要件）は「過半数の賛成」だ。

(2) 憲法改正手続の改正
　そして，先程述べたように，憲法96条を改正し，憲法改正要件を緩和しよう，憲法改正をしやすくしようというのが今回の動きだが，その動きは，国民投票承認要件「過半数の賛成」に関するものではなく，国会発議要件「各議院の総議員の3分の2以上の賛成」に関するものだ[48]。
　具体的には，国会発議要件「各議院の総議員の3分の2以上の賛成」を「各議院の総議員の過半数の賛成」にしようというのが，その動きだ（以下，本書では，国会発議要件「各議院の総議員の3分の2

以上の賛成」を「各議院の総議員の過半数の賛成」にしようという憲法96条改正に関する考え方を「憲法96条改正論」という）。

3 憲法96条改正論の具体例

そして，憲法96条改正論は，自由民主党「日本国憲法改正草案」100条に表れている。

そこで，以下，自由民主党「日本国憲法改正草案」100条を具体的に示す。

> 自由民主党「日本国憲法改正草案」100条[49]
> 　1項　この憲法の改正は，衆議院又は参議院の議員の発議により，両議院のそれぞれの総議員の過半数の賛成で国会が議決し，国民に提案してその承認を得なければならない。この承認には，法律の定めるところにより行われる国民の投票において有効投票の過半数の賛成を必要とする。
> 　2項　憲法改正について前項の承認を経たときは，天皇は，直ちに憲法改正を公布する。

「発議」については，自由民主党「日本国憲法改正草案」100条1項に「両議院のそれぞれの総議員の過半数の賛成で国会が議決し」と書かれている。その規定を見るとわかるように，自由民主党「日本国憲法改正草案」100条1項の国会発議要件は「各議院の総議員の過半数の賛成」だ。

つまり，憲法96条1項の国会発議要件「各議院の総議員の3分の2以上の賛成」を，自由民主党「日本国憲法改正草案」100条1項の国会発議要件「各議院の総議員の過半数の賛成」にしようというのが，自由民主党「日本国憲法改正草案」で，憲法96条改正に関する自由民主党の考え方だ。

それは，まさに，憲法 96 条改正論だ。

自由民主党総裁でもある安倍晋三内閣総理大臣も，憲法 96 条改正論に度々言及している。

例えば，2013 年 4 月 9 日，第 183 回国会衆議院予算委員会で，安倍晋三内閣総理大臣は「国民投票をする機会を国会の中で閉じ込めてしまってはいけないというのが我々自由民主党の考え方でありまして，まさに憲法を国民の手に取り戻すという意味において，憲法九十六条を改正して，三分の二から二分の一にする」と答弁した[50]。

4 憲法 96 条改正論の目的

そして，憲法 96 条改正論の目的としては，①憲法改正を現実的なものにすること，②社会の動きに憲法を適合させやすくすること，③憲法・憲法改正に関する国民の議論を活発にすること，④憲法に対する意思表示の機会を国民が得やすくすることをあげることができる[51]。

憲法 96 条の国会発議要件「各議院の総議員の 3 分の 2 以上の賛成」に対しては，「国会発議要件が過度に厳格だ。その厳格な国会発議要件を原因に，現実的には，憲法改正ができなくなってしまっている。そして，その結果，社会の動きに憲法が適合しなくなっている」という批判がある[52]。その批判を背景に，国会発議要件を緩和することになる憲法 96 条改正論が主張される。そのことをふまえると，①憲法改正を現実的なものにすること，②社会の動きに憲法を適合させやすくすることが，憲法 96 条改正論の目的といえる[53]。

また，2013 年 3 月 11 日，第 183 回国会衆議院予算委員会で，安倍晋三内閣総理大臣は「今，憲法の議論について，やはり極めて低調なんですね。なぜ低調なのかといえば，これはやはり，いろいろ一生懸命議論したって，結局，国会議員が三分の二だから，きっとそれでやらないんでしょう，こういう，いわば中長期的な大きな課題には，国会議員は取り組む勇気はないんじゃないのということなんですね。で

すから，結局，その中において，深まってはいかないんですよ。そこでリアリティーがないということだったのではないかと思います。しかし一方，二分の一ということになれば，これはすぐに国民投票に直面する。国民の皆さんが議論をして，そして，自分たちの一票で憲法を変えていくか，あるいは変えていかないかの判断をせざるを得ないという現実に直面していくことになるんですね。私は，そこで初めて，憲法という問題，課題についてみんなが真摯に議論をしていくという状況をつくり出すことができるのではないか，こう思うわけであります」と答弁した[54]。その答弁を簡単にいうと，国民投票を現実的なものにすることは，憲法・憲法改正に関する国民の議論を活発にすることにつながるのではないか，ということだ。憲法96条改正論に基づく憲法改正をすると，国会発議要件が緩和され，国会の発議が容易になり，国民投票が現実的なものになる。なぜなら，憲法96条改正論に基づく憲法改正をすると，国会が発議をするために，「各議院の総議員の3分の2以上の賛成」は必要ではなくなり，「各議院の総議員の過半数の賛成」で足りるようになるからだ。すなわち，より少数の賛成で，国会が発議をすることができるようになるからだ。そこで，その答弁をふまえると，③憲法・憲法改正に関する国民の議論を活発にすることが，憲法96条改正論の目的といえる[55]。

　そしてまた，2013年3月12日，第183回国会衆議院予算委員会で，安倍晋三内閣総理大臣は「その中において，九十六条を変えていく。これはいわば，憲法に対して国民の皆さんが自分の意思表示をする機会を，事実上ずっと奪われていたんですね。たった三分の一をちょっと超える国会議員がそんなものは変えられないよと言えば，国民は自分の意思を，賛成にしろ反対にしろ，意思表明をしようと思っても，その手段すら行使できなかった。しかし，それを変えていこうという皆さんの意思に対して，多くの国民の皆さんは拍手を送ったんだろうと思います。そして，道州制について言えば，これは，国と地方のあ

り方を抜本的に変えていくことになりますし，権限を移譲していく上においても大変大きな受け皿ができます。州や道という大きな一つの地域の集合体ができることによって，その地域には新しい集合体を中心とするインフラが生まれるわけでありますし，そして，そこは，国を経由せずに，海外とも直接いろいろな，さまざまな交流や経済活動が展開されるというダイナミックな大きな変化にもつながっていく。これはぜひやってもらいたいという思いが，それまで一票もとっていなかった，政党がなかった政党，皆さんに託した思いなんだろうと思いますし，その点においては我が党も同じであります。既成政党ではありますが，我々はそうしたものをもう一度見直しをしていこうという勇気を持つ政党であります。だからこそ，御党と同じように，我が党には第一党という地位を与えていただいたんだろうな，こんようにに考えております」と答弁した[56]。その答弁をふまえると，④憲法に対する意思表示の機会を国民が得やすくすることが，憲法 96 条改正論の目的といえる[57]。

5 安倍晋三首相答弁から教えられる 2 つのこと

　というように，憲法 96 条改正論の目的としては，①憲法改正を現実的なものにすること，②社会の動きに憲法を適合させやすくすること，③憲法・憲法改正に関する国民の議論を活発にすること，④憲法に対する意思表示の機会を国民が得やすくすることをあげることができる。

　そして，先程述べたように，③憲法・憲法改正に関する国民の議論を活発にすることという目的は，2013 年 3 月 11 日，第 183 回国会衆議院予算委員会，安倍晋三内閣総理大臣答弁に表れている。

　また，先程述べたように，④憲法に対する意思表示の機会を国民が得やすくすることという目的は，2013 年 3 月 12 日，第 183 回国会衆議院予算委員会，安倍晋三内閣総理大臣答弁に表れている。

つまり，自由民主党総裁でもある安倍晋三内閣総理大臣の答弁から，以下の2つのことを教えてもらえる。
　❷憲法・憲法改正に関する国民の議論を活発にすることは重要。
　❸憲法に対する意思表示の機会を国民が得ることは重要。
　憲法・憲法改正に関する国民の議論を活発にすることは重要ではない・憲法に対する意思表示の機会を国民が得ることは重要ではないとなると，③憲法・憲法改正に関する国民の議論を活発にすること，④憲法に対する意思表示の機会を国民が得やすくすることを目的として，憲法96条改正論を主張することに対して疑問が生じるし，それらを目的として，憲法96条改正論に基づく憲法改正をすることに対して疑問が生じる。国民投票1回あたり850億円程度の経費がかかるとされることをふまえると[58]，尚更だ（例えば，「重要ではない目的のために，なぜ，850億円もかけて憲法96条改正論に基づく憲法改正をしなければならないんだ？」という疑問が生じる可能性がある）。
　❷憲法・憲法改正に関する国民の議論を活発にすることは重要，❸憲法に対する意思表示の機会を国民が得ることは重要ということは，日本が国民主権の原則を採用していることや，憲法改正をするためには国民投票で承認されなければならないということをふまえると，納得しやすいだろう。
　そして，先程述べた「集団的自衛権の行使を可能にすることが必要と考えるのであれば，政府の憲法解釈の変更ではなく，憲法改正によって，集団的自衛権の行使を可能にすることを目指すべきだ」ということは，❷憲法・憲法改正に関する国民の議論を活発にすることは重要，❸憲法に対する意思表示の機会を国民が得ることは重要，ということから導くことができる。
　そこで，以下，そのことについて述べる。

6 国民の議論の活発化

　まず,「集団的自衛権の行使を可能にすることが必要と考えるのであれば,政府の憲法解釈の変更ではなく,憲法改正によって,集団的自衛権の行使を可能にすることを目指すべきだ」ということは,❷憲法・憲法改正に関する国民の議論を活発にすることは重要ということから導くことができる,ということについて述べる。

　先程述べたように,集団的自衛権の行使を可能にするための方法として,憲法改正・政府の憲法解釈の変更を考えることができる。

　そして,憲法改正と政府の憲法解釈の変更を比較すると,憲法改正は,政府の憲法解釈の変更よりも,憲法・憲法改正に関する国民の議論を活発にすることにつながると考えられる。

　理由は,以下のとおりだ。

　まず,政府の憲法解釈の変更に関して。政府の憲法解釈の変更は政府によって行われ,また,集団的自衛権行使のための法整備は政府・国会によって行われる。そのため,その方法によると,国民が手出しできないところで,集団的自衛権の行使に関する決定がされることになる。そのようなことでは,憲法・憲法改正に関する国民の議論が活発になるとは考えにくい。

　次に,憲法改正に関して。憲法改正は「発案→発議→承認」という流れで行われる。そして,「発案」とは憲法改正原案を提出すること,「発議」とは国民投票にかける憲法改正案を決定すること,「承認」とは国民投票で承認することだ。つまり,憲法改正をするためには,国民投票で承認されなければならない。そのため,その方法によると,集団的自衛権の行使を可能にするにあたっては,国民は国民投票に直面し,自分たちの1票で憲法改正をするか(集団的自衛権の行使を可能にするか),あるいは憲法改正をしないか(集団的自衛権の行使を可能にしないか)の判断をせざるを得ないという現実に直面する。国民がそのような状況に立つことによって,憲法・憲法改正に関する国

民の議論が活発になると考えられる。

　そこで，憲法改正は，政府の憲法解釈の変更よりも，憲法・憲法改正に関する国民の議論を活発にすることにつながると考えられる。

　そして，❷憲法・憲法改正に関する国民の議論を活発にすることは重要ということをふまえると，集団的自衛権の行使を可能にするための方法としては，憲法・憲法改正に関する国民の議論を活発にすることにつながりやすい方法を採用するべきといえる。

　よって，「集団的自衛権の行使を可能にすることが必要と考えるのであれば，政府の憲法解釈の変更ではなく，憲法改正によって，集団的自衛権の行使を可能にすることを目指すべきだ」ということは，❷憲法・憲法改正に関する国民の議論を活発にすることは重要ということから導くことができる。

　憲法改正ではなく，政府の憲法解釈の変更によって，集団的自衛権の行使を可能にすることを目指すことは，そのようなことをする者に対する「憲法・憲法改正に関する国民の議論を活発にすることは重要ではないと思っているのかな？」という疑問を生じさせることになる。

　そして，その疑問は，憲法96条改正論の正当性・憲法96条改正論に基づく憲法改正の必要性に対する疑問につながる可能性がある。すなわち，例えば，「憲法・憲法改正に関する国民の議論を活発にすることは重要ではないと思っているのなら，③憲法・憲法改正に関する国民の議論を活発にすることを目的に，憲法96条改正論に基づく憲法改正なんてする必要がないではないか。本当は，いったい何の目的で，憲法96条改正論に基づく憲法改正をしたいのだろう？」という疑問が生じる可能性がある。

7 国民の意思表示の機会

　次に，「集団的自衛権の行使を可能にすることが必要と考えるのであれば，政府の憲法解釈の変更ではなく，憲法改正によって，集団的

自衛権の行使を可能にすることを目指すべきだ」ということは，❸憲法に対する意思表示の機会を国民が得ることは重要ということから導くことができる，ということについて述べる。

　先程述べたように，集団的自衛権の行使を可能にするための方法として，憲法改正・政府の憲法解釈の変更を考えることができる。

　そして，憲法改正と政府の憲法解釈の変更を比較すると，憲法改正は，政府の憲法解釈の変更よりも，憲法に対する意思表示の機会を国民が得ることにつながると考えられる。

　理由は，以下のとおりだ。

　まず，政府の憲法解釈の変更に関して。政府の憲法解釈の変更は政府によって行われ，また，集団的自衛権行使のための法整備は政府・国会によって行われる。そのため，その方法によると，国民が手出しできないところで，集団的自衛権の行使に関する決定がされることになる。もちろん，国民投票という憲法に対する意思表示の機会を国民が得ることはない。

　次に，憲法改正に関して。憲法改正は「発案→発議→承認」という流れで行われる。つまり，憲法改正をするためには，国民投票で承認されなければならない。国民投票という憲法に対する意思表示の機会を国民は得ることができる。

　そこで，憲法改正は，政府の憲法解釈の変更よりも，憲法に対する意思表示の機会を国民が得ることにつながると考えられる。

　そして，❸憲法に対する意思表示の機会を国民が得ることは重要ということをふまえると，集団的自衛権の行使を可能にするための方法としては，憲法に対する意思表示の機会を国民が得ることにつながりやすい方法を採用するべきといえる。

　よって，「集団的自衛権の行使を可能にすることが必要と考えるのであれば，政府の憲法解釈の変更ではなく，憲法改正によって，集団的自衛権の行使を可能にすることを目指すべきだ」ということは，❸

憲法に対する意思表示の機会を国民が得ることは重要ということから導くことができる。

　憲法改正ではなく，政府の憲法解釈の変更によって，集団的自衛権の行使を可能にすることを目指すことは，そのようなことをする者に対する「憲法に対する意思表示の機会を国民が得ることは重要ではないと思っているのかな？」という疑問を生じさせることになる。

　そして，その疑問は，憲法96条改正論の正当性・憲法96条改正論に基づく憲法改正の必要性に対する疑問につながる可能性がある。すなわち，例えば，「憲法に対する意思表示の機会を国民が得ることは重要ではないと思っているのなら，④憲法に対する意思表示の機会を国民が得やすくすることを目的に，憲法96条改正論に基づく憲法改正なんてする必要がないではないか。本当は，いったい何の目的で，憲法96条改正論に基づく憲法改正をしたいのだろう？」という疑問が生じる可能性がある。

8 国民の発案権
(1) 大きくなる疑問
　というように，「集団的自衛権の行使を可能にすることが必要と考えるのであれば，政府の憲法解釈の変更ではなく，憲法改正によって，集団的自衛権の行使を可能にすることを目指すべきだ」ということは，❷憲法・憲法改正に関する国民の議論を活発にすることは重要，❸憲法に対する意思表示の機会を国民が得ることは重要，ということから導くことができる。

　憲法改正ではなく，政府の憲法解釈の変更によって，集団的自衛権の行使を可能にすることを目指すことは，そのようなことをする者に対する「憲法・憲法改正に関する国民の議論を活発にすることは重要ではないと思っているのかな？」「憲法に対する意思表示の機会を国民が得ることは重要ではないと思っているのかな？」という疑問を生

じさせることになる。

　しかも，その疑問は，憲法96条改正論の正当性・憲法96条改正論に基づく憲法改正の必要性に対する疑問につながる可能性がある。

　そして，❷憲法・憲法改正に関する国民の議論を活発にすることは重要，❸憲法に対する意思表示の機会を国民が得ることは重要ということに関するそのような疑問は，国民の発案権に関することをふまえると，大きくなる可能性がある。

　そこで，以下，そのことについて述べる。

(2) 認められていない国民の発案権

　先程述べたように，憲法改正のための「発案→発議→承認」という流れのうち，「発議」「承認」については憲法に規定があるが，「発案」については憲法に規定がない。

　ただ，「発案」について，法令上，規定が全くないというわけではない。

　「発案」については，国会法に規定がある。

　そして，国会法には，発案をすることができる権利，すなわち，発案権に関する規定もある。

　まず，議員が憲法改正原案を発案する場合，衆議院においては議員100人以上，参議院においては議員50人以上の賛成が必要だ[59]。

　また，憲法審査会は，憲法改正原案を発案することができる[60]。その場合，憲法審査会の会長が提出者となる[61]。

　以上が，その規定だ。

　つまり，国民の憲法改正原案の発案権については規定がない。

　国民に発案権は認められていない。

　国民に発案権が認められていないのは，当然のことなのだろうか。

　発案権の所在については，2007年5月14日に成立した日本国憲法の改正手続に関する法律（いわゆる国民投票法・憲法改正手続法）に

よって国会法が改正され[62]、国会法に規定された。

そして、日本国憲法の改正手続に関する法律の成立前、国会で、発案権の所在に関して議論がされていた。

発案権の所在に関して、2005年の「衆議院憲法調査会報告書」には、「2 憲法改正案の発案権の所在」に「憲法改正案（原案）の発案権の所在については、①国会は国権の最高機関である、あるいは、②72条の内閣総理大臣が提出する『議案』に憲法改正案が含まれると解するのは妥当ではない等の理由により、国会議員のみが発案できるとする意見が述べられたが、国会議員も内閣も発案できるとする意見もあった。また、上記の意見のほかに、次のような意見も述べられた。a 国民主権原理を発展させていくという観点から、国民の発案を認めるべきである。b 道州制の導入を前提として、国会、国民及び道州議会の3通りの発案を認めるべきである」と書かれている[63]。

また、その報告書には、「参考人等の発言」の「憲法改正案の発案権の所在」に「内閣に憲法改正の発案権があるということの理屈は、①内閣も当然に憲法の運用に携わっているのであるから発案ができるであろうということ、②しかも、その場合に仮に内閣の発案権を認めないとしても、内閣の構成員は国会議員が多数を占めていることを考えれば、国会内部において議員を通じて発案できるではないかということから導き出されており、半分及び腰の議論である。（高見勝利参考人）」「憲法は、改正案の発議については規定しているが、その前段階である発案については何も規定していない。したがって、国会議員が発案権を有することは当然のこととして、内閣や国民による発案についても、法的な整備がなされれば成り立つと考えられる。（高見勝利参考人、長尾龍一参考人）」と書かれている（その報告書の「参考人等の発言」の「憲法改正案の発案権の所在」に書かれているのは、それだけだ。専門知識・情報を有している者が参考人とされる）[64]。

なお、その報告書がどのようなものかということは、その報告書の

次の記載を見るとわかる．「本報告書は，このような調査会の 5 年余りの調査活動をあますところなく要約・整理したものであり，いわば『衆議院憲法調査会の縮図』とも言えるものである」[65]。

つまり，発案権の所在に関する参考人の意見は，憲法上，国民に発案権を認めることは可能と考えられるというものだ[66]。また，衆議院憲法調査会の議論の中で，国民に発案権を認めるべきという意見もあったということだ。

しかし，結果としては，国民に発案権は認められなかった。

しかも，発案権の所在に関する十分な議論が行われた結果，国民に発案権が認められなかったというわけではないようだ。

というのは，2007 年 5 月 10 日（日本国憲法の改正手続に関する法律成立の 4 日前），第 166 回国会参議院日本国憲法に関する調査特別委員会で，五十嵐敬喜参考人（当時）が「発案という部分については，これは言わば法律マターになっておりまして，国会でどのようにこれを考えるかということによって自由になし得る事項というふうに考えてよろしいかというふうに思います。この発案権について幾つか意見を申し上げたいと思いますけれども，現在のところ発案権については，この国民投票法によりますと議会あるいは議員の数に限定しておりまして，内閣とかあるいは国民については一切触れておりません。これは全くできないというふうに解釈しているのか，場合によっては，法律の考え方によっては内閣にもあるいは国民にもあると考えていいのかというのが論点であります。これは少し比較を，憲法的な考察を加えていただくと分かりますけれども，世界各国の憲法の発案，発議は別ですけど発案に関するいろんな規定がございまして，この中には国民が発案できるという規定を持っているところもありますし，あるいは大統領などある種の政府機関も発案できるというところがありまして，今回，参考人に関して意見を述べる機会がありましたので，この発案権の問題がどのように処理されているかということを私の持って

いる資料の範囲内で見てきたんですが，何となくあいまいなままに余り触れずにこれを過ごしてきたんじゃないかと思います。私としては，この発案権について，国民投票をせっかく作るわけですから，もっと十分な議論をなさっていただいて，いろんな方がいろんな形で発案できるということの方がより開かれた二十一世紀的な憲法改正プロセスではないかというふうに考えますので，できれば内閣からの発案ということ，本当にできないかどうか，あるいは国民からの発案ということ，本当にできないかどうかを考えていただければ有り難いというのが一つです」と発言しているからだ[67]。

　発案権の所在に関する参考人の意見として先程示したものがあったのに，なぜ，国民に発案権が認められなかったのか。

　なぜ，未だに国民に発案権が認められていないのか。

　国民に発案権を認めると，国民は憲法改正原案を提出できるようになる。そのため，国民に発案権を認めると，国民は，国民投票が行われるのを待つまでもなく，憲法改正に関して当事者になることができる。国民に発案権を認めると，国民は，自ら，積極的に，憲法改正に関わることができるのだ。そのため，国民に発案権を認めた場合の方が，国民に発案権を認めていない場合よりも，国民は憲法・憲法改正について真剣に考え，議論すると考えられる。すなわち，国民に発案権を認めた場合の方が，国民に発案権を認めていない場合よりも，③憲法・憲法改正に関する国民の議論を活発にすることができると考えられる。

　また，国民に発案権を認めることによって，④憲法に対する意思表示の機会を国民が得やすくすることができると考えられる。なぜなら，国民の発案も，憲法に対する国民の意思表示だからだ。すなわち，「国民が発案した憲法改正原案のように，憲法改正をしたい！」という憲法に対する国民の意思表示が，国民の発案だ。

　それにもかかわらず，なぜ，国民に発案権が認められなかったのか。

なぜ、未だに国民に発案権が認められていないのか。

「国民に発案権を認めると、憲法改正原案が乱発される。そして、その乱発された憲法改正原案を国会が審議しなければならなくなり、国会の活動が阻害される。それが、その理由だ」と思うかもしれない。

しかし、国民に発案権を認めると、憲法改正原案が乱発されて国会の活動が阻害されるということが、国民に発案権が認められていない理由だとは考えにくい。なぜなら、一定数の署名を要件として、国民の発案を認めればよいからだ。その要件を厳格にするほど、すなわち、国民が発案するために必要な署名の数を多くするほど、憲法改正原案の乱発を抑止することができる。

国民の発案の要件に関しては、2007年5月10日（日本国憲法の改正手続に関する法律成立の4日前）、第166回国会参議院日本国憲法に関する調査特別委員会で、五十嵐敬喜参考人（当時）が「まず参考までに、イタリア憲法などでは、例えば国民の五万人、日本に換算すると十二万人の国民の署名があれば憲法改正案を発案できる。請願との違いは、請願は審議するかどうかを却下することができますけれども、正式な発案権を国民に与えればそれは審議しなければいけない。ただ、採用するかどうかはもちろん議会ですから議会で決めてよろしいということで、こういう憲法なども国民主権、憲法制定権力にかかわる問題としてもっと深く議論すべきであろうというふうに私は思っております」と発言している[68]。

国民に発案権を認めたからといって、国民が1人で憲法改正原案を発案できるようにしなければならないということではないのだ。

国民に発案権を認めなかった日本国憲法の改正手続に関する法律が成立したのは、2007年5月14日だ。

その当時の内閣総理大臣は、誰か。

自由民主党総裁（当時）でもあった安倍晋三内閣総理大臣（当時）だ。

そして，日本国憲法の改正手続に関する法律が成立した 2007 年の 1 月 1 日，年頭所感で，安倍晋三内閣総理大臣（当時）は「本年は，憲法が施行されてから 60 年になります。憲法は，国の理想，かたちを物語るものです。新しい時代にふさわしい憲法を，今こそ私たちの手で書き上げていくべきです。まずは，その前提となる，日本国憲法の改正手続に関する法律案について，本年の通常国会での成立を期します。そして，それを契機として，憲法改正について，国民的な議論が高まることを期待しております」と発言し[69]，「日本国憲法の改正手続に関する法律案について，本年の通常国会での成立を『期します』」とした。

　そして，その言葉のとおり，2007 年の通常国会（第 166 回国会）で，日本国憲法の改正手続に関する法律は成立した。つまり，日本国憲法の改正手続に関する法律は，安倍晋三内閣総理大臣・自由民主党総裁（当時）が積極的に関わって，成立したものなのだ。

　その日本国憲法の改正手続に関する法律は，国民に発案権を認めなかった。

　先程述べたように，国民に発案権を認めた場合の方が，国民に発案権を認めていない場合よりも，③憲法・憲法改正に関する国民の議論を活発にすることができると考えられ，しかも，国民に発案権を認めることによって，④憲法に対する意思表示の機会を国民が得やすくすることができると考えられるにもかかわらず，日本国憲法の改正手続に関する法律は，国民に発案権を認めなかったのだ。

　そして，その安倍晋三内閣総理大臣・自由民主党総裁が，憲法 96 条改正論の目的として，③憲法・憲法改正に関する国民の議論を活発にすること，④憲法に対する意思表示の機会を国民が得やすくすることをあげているのだ。

(3) 発案権に関する残念なお知らせ

　というように，日本国憲法の改正手続に関する法律が成立した際，国民に発案権は認められなかった，そして，現在も，国民に発案権は認められていない。

　国民の発案権に関する話がそれだけで終われると，まだマシだったのだが，残念ながら，そうはいかない。

　先程述べたように，憲法改正のための「発案→発議→承認」という流れのうち，「発議」「承認」については憲法に規定があるが，「発案」については憲法に規定がない。

　では，自由民主党「日本国憲法改正草案」には，「発案」についての規定があるのだろうか。そして，「発案」についての規定がある場合，その規定はどのようなものだろうか。

　自由民主党「日本国憲法改正草案」には「発案」についての規定がある。そして，その規定は，自由民主党「日本国憲法改正草案」100条だ。

　そこで，自由民主党「日本国憲法改正草案」100条を再掲する。

　　自由民主党「日本国憲法改正草案」100条
　　1項　この憲法の改正は，衆議院又は参議院の議員の発議により，両議院のそれぞれの総議員の過半数の賛成で国会が議決し，国民に提案してその承認を得なければならない。この承認には，法律の定めるところにより行われる国民の投票において有効投票の過半数の賛成を必要とする。
　　2項　憲法改正について前項の承認を経たときは，天皇は，直ちに憲法改正を公布する。

　「発案」については，自由民主党「日本国憲法改正草案」100条1項に「衆議院又は参議院の議員の発議により」と書かれている（先程

述べたように,「発案」は,法律上「発議」と書かれている。「発案」は,自由民主党「日本国憲法改正草案」においても,「発議」と書かれているということだ。法律上の言葉に合わせたもので,特に不思議なことではない)。

そして,先程述べたように,2005年の「衆議院憲法調査会報告書」には,「参考人等の発言」の「憲法改正案の発案権の所在」に「憲法は,改正案の発議については規定しているが,その前段階である発案については何も規定していない。したがって,国会議員が発案権を有することは当然のこととして,内閣や国民による発案についても,法的な整備がなされれば成り立つと考えられる。(高見勝利参考人,長尾龍一参考人)」と書かれている。つまり,憲法は「発案」について何も規定していないので,国民の発案権を法律で認めることができると考えられる,ということだ。

ただ,自由民主党「日本国憲法改正草案」100条1項は,「発案」について規定している。

そこが,憲法とは違う。

しかも,「発案」について,自由民主党「日本国憲法改正草案」100条1項には「衆議院又は参議院の議員の発議により」と書かれている。

そのため,自由民主党「日本国憲法改正草案」100条1項は,国民に発案権を法律で認める道を閉ざすことができるものといえる。わかりやすくいうと,それに基づく憲法改正がされた後,「国民に発案権を認めてよ!」という主張に対して,「憲法に『衆議院又は参議院の議員の発議により』と書かれているだろ。だから,憲法上,国民に発案権を認めることはできない。発案したければ,衆議院議員・参議院議員になればいいだろ」という反論を可能にするのが,自由民主党「日本国憲法改正草案」100条1項だ。

そして,国民に発案権を法律で認める道が閉ざされてしまうと,憲法・憲法改正に関する国民の議論を活発にすることが困難になり,ま

た，憲法に対する意思表示の機会を国民が得やすくすることが困難になってしまう。

なぜなら，先程述べたように，国民に発案権を認めた場合の方が，国民に発案権を認めていない場合よりも，③憲法・憲法改正に関する国民の議論を活発にすることができると考えられ，しかも，国民に発案権を認めることによって，④憲法に対する意思表示の機会を国民が得やすくすることができると考えられるからだ。

先程述べたように，2005年の「衆議院憲法調査会報告書」には，「参考人等の発言」の「憲法改正案の発案権の所在」に「憲法は，改正案の発議については規定しているが，その前段階である発案については何も規定していない。したがって，国会議員が発案権を有することは当然のこととして，内閣や国民による発案についても，法的な整備がなされれば成り立つと考えられる。（高見勝利参考人，長尾龍一参考人）」と書かれている。しかも，憲法改正によって，憲法で，明確に，国民に発案権を認めることもできる。

それにもかかわらず，わざわざ，「発案」について，自由民主党「日本国憲法改正草案」100条1項には「衆議院又は参議院の議員の発議により」と書かれ，そのうえ，国民の発案権については明記されなかった。

安倍晋三内閣総理大臣・自由民主党総裁は，憲法96条改正論の目的として，③憲法・憲法改正に関する国民の議論を活発にすること，④憲法に対する意思表示の機会を国民が得やすくすることをあげている。

そのことをふまえると，③憲法・憲法改正に関する国民の議論を活発にすること，④憲法に対する意思表示の機会を国民が得やすくすることを目的として，自由民主党「日本国憲法改正草案」，あるいは，それを改正した自由民主党の新たな憲法改正草案に，国民の発案権を明記すればよいと考えられる。

しかし，そうはなっていないのだ。
　ちなみに，自由民主党「日本国憲法改正草案」が記載されている自由民主党「日本国憲法改正草案（現行憲法対照）」に，次の記載がある，「憲法改正推進本部　最高顧問　安倍晋三」。

(4) 発案権と幻想
　以上が，国民の発案権に関してだ。
　❷憲法・憲法改正に関する国民の議論を活発にすることは重要ということに関する「憲法・憲法改正に関する国民の議論を活発にすることは重要ではないと思っているのかな？」という疑問，❸憲法に対する意思表示の機会を国民が得ることは重要ということに関する「憲法に対する意思表示の機会を国民が得ることは重要ではないと思っているのかな？」という疑問は，大きくなっただろうか。
　国民に発案権を認めた場合の方が，国民に発案権を認めていない場合よりも，③憲法・憲法改正に関する国民の議論を活発にすることができると考えられ，しかも，国民に発案権を認めることによって，④憲法に対する意思表示の機会を国民が得やすくすることができると考えられる。
　憲法96条改正論の目的として，③憲法・憲法改正に関する国民の議論を活発にすること，④憲法に対する意思表示の機会を国民が得やすくすることがあるのだから，それらを理由に，国民に発案権を認めるべきだ。
　国民に発案権を認めるために，憲法改正をする必要はない。
　法律に，国民の発案権に関する規定を設ければよい。国民の発案権は，法律で認めればよいのだ。それだけだ（2013年9月9日現在，国会はねじれ国会[70]になっていないのだから，与党が国民に発案権を認めようと思えば，認めることができる。認めないということは……）。

国民に発案権を認めることによって，憲法96条改正論の目的として，③憲法・憲法改正に関する国民の議論を活発にすること，④憲法に対する意思表示の機会を国民が得やすくすることをあげることに説得力がでる。もちろん，❷憲法・憲法改正に関する国民の議論を活発にすることは重要，❸憲法に対する意思表示の機会を国民が得ることは重要，と思っていることを，国民に明らかにできる。

なお，国民に発案権を認めるべきだ，ということは，他の観点からもいうことができる。

安全保障の法的基盤の再構築に関する懇談会の構成員でもある駒沢大学名誉教授の西修氏[71]は「憲法改正に際して，最も大切な点は，主権者たる国民の意思をそれに反映させることである。国会の役割は，国民に対して憲法のどこがどう問題なのか，判断材料を提示することにある」と発言している[72]（なお，安全保障の法的基盤の再構築に関する懇談会に関しては，首相官邸のHPに「我が国周辺の安全保障環境が一層厳しさを増す中，それにふさわしい対応を可能とするよう安全保障の法的基盤を再構築する必要があるとの問題意識の下，集団的自衛権の問題を含めた，憲法との関係の整理につき研究を行うため，内閣総理大臣の下に『安全保障の法的基盤の再構築に関する懇談会』を開催するものです」という説明がある[73]。安全保障の法的基盤の再構築に関する懇談会は，安倍晋三内閣総理大臣の下で，開催されることになったものだ[74]）。

国民に発案権が認められていないと，国民の意思に合致した憲法改正原案が発案されない可能性がある。例えば，議員に不利益を及ぼす憲法改正を国民が望んでいても，議員はそのような憲法改正を望まないので，そのための憲法改正原案が発案されない可能性があるが，それが発案されなければ，国民の意思は憲法改正に反映されない。

つまり，国民に発案権が認められていないと，国民の意思を憲法改正に反映することを，発案の段階で，議員が阻止できるのだ[75]。

そして，国民に発案権が認められていないと，国民の意思に合致した憲法改正原案が発案されない可能性があるということは，次の事実をふまえると，納得しやすいだろう。

2013 年 4 月 19 日〜21 日の 3 日間，NHK は「憲法に関する意識調査」を行った[76]。その結果は，以下のとおりだ。

（憲法改正をして）「良い環境で暮らす権利について明記する」という意見に関しては，「賛成」が 64.8%，「反対」が 3.0%，「どちらともいえない」が 22.5%，「わからない，無回答」が 9.7% だった[77]。

（憲法改正をして）「行政の情報を知る権利について明記する」という意見に関しては，「賛成」が 61.7%，「反対」が 4.6%，「どちらともいえない」が 20.1%，「わからない，無回答」が 13.6% だった[78]。

（憲法改正をして）「犯罪被害者の権利について明記する」という意見に関しては，「賛成」が 50.0%，「反対」が 10.8%，「どちらともいえない」が 25.3%，「わからない，無回答」が 13.9% だった[79]。

（憲法改正をして）「プライバシーの権利について明記する」という意見に関しては，「賛成」が 49.2%，「反対」が 15.1%，「どちらともいえない」が 25.4%，「わからない，無回答」が 10.3% だった[80]。

（憲法改正をして）「衆議院と参議院の二院制をやめて一院制にする」という意見に関しては，「賛成」が 34.9%，「反対」が 28.8%，「どちらともいえない」が 24.8%，「わからない，無回答」が 11.5% だった[81]。

（憲法改正をして）国会発議要件「各議院の総議員の 3 分の 2 以上の賛成」を「各議院の総議員の過半数の賛成」に緩和するべきだという意見（本書の「憲法 96 条改正論」）に関しては，「賛成」が 25.6%，「反対」が 23.8%，「どちらともいえない」が 46.8%，「わからない，無回答」が 3.8% だった[82]。

憲法 9 条改正に関しては，「憲法 9 条改正をする必要があると思う」が 33.1%，「憲法 9 条改正をする必要はないと思う」が 29.9%，

「どちらともいえない」が 31.8％，「わからない，無回答」が 5.1％ だった[83]（【著者注】各回答の割合の合計が 100％ にならないが，NHK の世論調査の結果による）。

「賛成」の割合に注目すると，「良い環境で暮らす権利について明記する」64.8％，「行政の情報を知る権利について明記する」61.7％，「犯罪被害者の権利について明記する」50.0％，「プライバシーの権利について明記する」49.2％，「衆議院と参議院の二院制をやめて一院制にする」34.9％ だ。それに対し，憲法 96 条改正論賛成は 25.6％ に過ぎない。「憲法 9 条改正をする必要があると思う」が 33.1％ だということをふまえると，憲法 9 条改正賛成もあまり高い割合ではないと考えられる。

それにもかかわらず，現在，政界で憲法改正の熱心な動きがあるのは，憲法 9 条・憲法 96 条に関してだ。

議員は，自らが望む憲法改正を実現するために動き，国民が望む憲法改正を実現するために動くのではない，ということだ。

「国民に発案権が認められていなくても，議員によって，国民の意思に合致した憲法改正原案が発案される」というような幻想は捨てた方がよい。

だから，西修氏のその発言をふまえると，国民の意思を憲法改正に反映させるために国民に発案権を認めるべきだ，と考えられる。憲法改正に関して，「最も」大切なのは，憲法改正に国民の意思を反映させることなのだから。

(5)「国民は黙っていろ」

ところで，以上で述べてきたことをふまえると，国民に発案権を認めたくない議員・国民に発案権を認めることに消極的な議員が国会に多数いるようだ。

なぜだろう。

国民に発案権を認めると，国民によって，議員に不利益を及ぼす憲法改正原案が発案される可能性がある。

　そして，その憲法改正原案が，国民投票にかける憲法改正案として発議され，国民投票で承認されてしまうと，議員は不利益を受けることになってしまう。

　そこで，議員が，その憲法改正原案が国民投票にかける憲法改正案として発議されないように動くということが考えられる。

　しかし，そのように動いてしまうと，「国民の思いを踏みにじった議員」というような報道をされてしまうことを原因に，あるいは，「国民の思いを踏みにじった議員」というネガティブキャンペーンを選挙の際にされてしまうことを原因に，国民に悪いイメージをもたれてしまい，選挙で不利になってしまうおそれがあり，最悪の場合，選挙で落選してしまうことになる。

　議員の目標には，再選，昇進，政策の実現があり[84]，その中でも，再選は特に重要な目標だ[85]（そのことに関しては，詳しく後述する）。だから，そのようなおそれが生じてしまうことは，議員にとって重大な問題だ。

　そこで，「国民に発案権を認めるべきではない」「国民に発案権を認めない方がよい」という判断をする議員が多数出現することになる。

　「議員にとって，望ましくないことをする可能性があるから，国民は，黙っていろ」ということだ。

　そして，以上で述べた，国民に発案権を認めたくない議員・国民に発案権を認めることに消極的な議員が国会に多数いるようだということと，国民が発案するために必要な署名の数を多くするほど憲法改正原案の乱発を抑止できるということをふまえると，国民に発案権が認められる場合・認められた場合に，注意しなければならないことがわかる。

　それは，発案の要件が過度に厳格にされ，実質的に国民が発案をす

ることができないようにされてしまっていないか，すなわち，実質的に国民に発案権が認められていないのと同じになってしまっていないか，ということだ。

(6) 憲法改正の主人公

　ところで，現在の日本の憲法は，日本国憲法だ。

　本書で論じている「憲法」も，もちろん，日本国憲法だ。

　そして，日本国憲法の前の日本の憲法は，大日本帝国憲法（明治憲法）だ。

　天皇が制定した欽定憲法だった大日本帝国憲法にも憲法改正手続の規定はあったが[86]，発案権は天皇のみにあり，また，国民（当時の言葉では「臣民」）は憲法改正の過程から排除されていた[87]。

　それに対し，日本国憲法では，国民の承認によって，憲法改正がされる。国民が承認しなければ，憲法改正はされない。

　つまり，憲法改正の主人公が，大日本帝国憲法では天皇だったが，日本国憲法では国民になったのだ[88]。

　憲法改正の主人公が，そのようにかわったのは，当然だ。

　なぜなら，大日本帝国憲法の下では天皇主権だったが，日本国憲法の下では国民主権になったからだ。

　そして，日本国憲法には，憲法改正の主人公が国民ということを表す規定もある。

　その規定は，憲法 96 条にある。

　そこで，憲法 96 条を再掲する。

　　憲法 96 条
　　　1 項　この憲法の改正は，各議院の総議員の三分の二以上の賛成で，国会が，これを発議し，国民に提案してその承認を経なければならない。この承認には，特別の国民投票又は国会の定める

選挙の際行はれる投票において，その過半数の賛成を必要とする。
　2項　憲法改正について前項の承認を経たときは，天皇は，国民の名で，この憲法と一体を成すものとして，直ちにこれを公布する。

　憲法96条2項を見てほしい。
　憲法96条2項は「天皇は，国民の名で，この憲法と一体を成すものとして，直ちにこれを公布する」とする。
　公布は，「国民の名で」するのだ。
　その規定は，改正権者である国民の意思で改正されたことを表示する意味をもち，憲法7条の「国民のために」と異なる趣旨とされる[89]。
　というように，日本国憲法では，憲法改正の主人公は国民だ。
　だから，日本国憲法の下では，憲法改正の主人公である国民を積極的に憲法改正に参加させるのが望ましい。主人公があまり参加しない・参加できないというのは，やはり，おかしい。主人公があまり参加しないのは，主人公（主演俳優）を原因に，視聴率が伸び悩んでいるドラマだけで十分だ。
　そのため，国民に発案権を法律で認める道を閉ざすことができるものといえる自由民主党「日本国憲法改正草案」100条1項の「衆議院又は参議院の議員の発議により」という規定は問題だ。

(7) 削除された国民の名
　ただ，憲法改正の主人公は国民，ということに関する自由民主党「日本国憲法改正草案」の問題はそれだけではない。
　その問題は，自由民主党「日本国憲法改正草案」100条にある。
　そこで，自由民主党「日本国憲法改正草案」100条を再掲する。また，それと比較するために，憲法96条を再掲する。

V 憲法96条改正論と集団的自衛権行使容認　51

　　憲法96条
　　1項　この憲法の改正は，各議院の総議員の三分の二以上の賛成で，国会が，これを発議し，国民に提案してその承認を経なければならない。この承認には，特別の国民投票又は国会の定める選挙の際行はれる投票において，その過半数の賛成を必要とする。
　　2項　憲法改正について前項の承認を経たときは，天皇は，国民の名で，この憲法と一体を成すものとして，直ちにこれを公布する。

　　自由民主党「日本国憲法改正草案」100条
　　1項　この憲法の改正は，衆議院又は参議院の議員の発議により，両議院のそれぞれの総議員の過半数の賛成で国会が議決し，国民に提案してその承認を得なければならない。この承認には，法律の定めるところにより行われる国民の投票において有効投票の過半数の賛成を必要とする。
　　2項　憲法改正について前項の承認を経たときは，天皇は，直ちに憲法改正を公布する。

　ポイントは，憲法96条2項，自由民主党「日本国憲法改正草案」100条2項だ。
　憲法96条2項と自由民主党「日本国憲法改正草案」100条2項は，「憲法改正について前項の承認を経たときは」という部分は共通だ。
　ただ，憲法96条2項は「天皇は，国民の名で，この憲法と一体を成すものとして，直ちにこれを公布する」とし，また，自由民主党「日本国憲法改正草案」100条2項は「天皇は，直ちに憲法改正を公布する」とする。
　それらの大きな違いは，「国民の名で」という言葉が，憲法96条2項にはあるが，自由民主党「日本国憲法改正草案」100条2項にはな

いということだ[90]。

　先程述べたように,「国民の名で」という規定は,改正権者である国民の意思で改正されたことを表示する意味をもち,そこには,憲法改正の主人公が国民ということが表れている。

　なぜ,わざわざ,そのような意味を見いだせる言葉を削除してしまうのだろうか。

　憲法改正の主人公は国民ということを表す言葉が問題なのだろうか。

　改正権者である国民の意思で改正されたことを表示するのが問題なのだろうか。

　それほど,「国民の名で」憲法改正を公布したくないのだろうか。

　自由民主党が,意図的に,「国民の名で」という言葉を削除しようとしていることは,間違いない。

9 憲法を国民の手に取り戻す？

(1)「憲法を国民の手に取り戻す」

　特に,最近,憲法96条改正論に関して,安倍晋三内閣総理大臣は「憲法を国民の手に取り戻す」という主張を度々している。

　例えば,まず,2013年4月9日,第183回国会衆議院予算委員会で,安倍晋三内閣総理大臣は「やはり憲法について国民みんなで考えて,今の憲法のままでいいという投票をしようということでもいいわけでありますが,今,世論調査の結果,何らかの形で憲法について自分の意思表示をしたいという人は八割近くいるわけでありますから,そうであるのであれば,国民投票をする機会を国会の中で閉じ込めてしまってはいけないというのが我々自由民主党の考え方でありまして,まさに憲法を国民の手に取り戻すという意味において,憲法九十六条を改正して,三分の二から二分の一にする。しかし,その後国民投票があるわけでありますから,国民投票で二分の一の国民が賛成しなければ憲法改正ができないということになるわけでありまして,二分の

一以上の国民が変えたいと思っていても，三分の一をちょっと超える国会議員が反対すればできないのはおかしいと考える方が常識ではないのか，私はこのように考えるところでございます」と答弁した[91]。

　また，憲法に関するインタビューで，「96条を先行させる意図，目的とは」ということに関して，安倍晋三内閣総理大臣は「憲法を国民の手に取り戻す。現行憲法自体，国民の手によってつくられたものではない。明治憲法は（君主が定める）欽定憲法だから，いまだかつて国民は自分たちの手で憲法をつくる経験をしていない。憲法は今，（改正発議には衆参両院の3分の2の賛成が必要という96条によって）永田町に閉じ込められている。その憲法を，鍵を開けて取り戻す。それこそが96条の改正だ」と発言した[92]。

　というように，憲法96条改正論に関して，安倍晋三内閣総理大臣は「憲法を国民の手に取り戻す」という主張を度々している。

　「憲法を国民の手に取り戻す」というフレーズは，国民にとって魅力的だ。

　「憲法を国民の手に取り戻す」と聞けば，「憲法を国民の手に取り戻すために，憲法96条改正論に賛成しよう」「憲法を国民の手に取り戻すために動いてくれるなんて，安倍晋三内閣総理大臣は素晴らしい内閣総理大臣だ」と思う国民もいるだろう。

　ただ，「憲法を国民の手に取り戻す」という主張と，「国民の名で」という言葉の削除は，方向性が逆だろう。

　「国民の名で」という言葉の削除は，「憲法を国民の手から奪いたいのか？」という疑問を生じさせる可能性まである。

　「憲法を国民の手に取り戻す」という主張のとおり，国民が憲法をその手に取り戻したとき，国民は憲法改正の主人公として憲法改正に関わるのだから，「国民の名で」という言葉を削除する必要はないはずだし，その言葉を削除するべきでもない（国民が憲法をその手に取り戻したときこそ，国民の意思で改正されたことを表示するべきだ。

だから,「憲法を国民の手に取り戻す」というなら,前述の意味を見いだせる「国民の名で」という規定を削除するべきではない)。

「憲法を国民の手に取り戻す」という主張をしているのは,安倍晋三内閣総理大臣。

「国民の名で」という言葉を削除することを目指している自由民主党「日本国憲法改正草案」が掲載されている自由民主党「日本国憲法改正草案(現行憲法対照)」に書かれていることは,「憲法改正推進本部 最高顧問 安倍晋三」。

(2) 誇大広告と薬事法

ということをふまえると,「憲法96条改正論によって,本当に,憲法を国民の手に取り戻すつもりはあるのか?」「憲法96条改正論に基づく憲法改正をすると,憲法を国民の手に取り戻すことができるのか?」というような疑問が生じる可能性がある。

「憲法を国民の手に取り戻す」という言葉を聞くと,国民の意思を憲法改正に反映できるようになると思うかもしれない。

しかし,憲法96条改正論に基づく憲法改正をしても,国民の意思を憲法改正に反映できるようになるわけではない。

憲法96条改正論に基づく憲法改正をすると,国会発議要件は「各議院の総議員の過半数の賛成」になる。そのため,確かに,憲法96条改正論に基づく憲法改正をすると,国会発議要件は緩和されるし,国民投票が行われやすくなる。

ただ,憲法96条改正論に基づく憲法改正をしても,国民に憲法改正原案の発案権が認められるわけではない。憲法96条改正論と国民の発案権は別問題だ。「憲法96条改正論」は国会発議要件「各議院の総議員の3分の2以上の賛成」を「各議院の総議員の過半数の賛成」にしようという憲法96条改正に関する考え方,すなわち,国会発議要件に関する考え方で,国民の発案権に関する考え方ではない。

そのため，憲法 96 条改正論に基づく憲法改正をしても，先程述べたように，議員に不利益を及ぼす憲法改正原案が発案される保証はない。そして，それを原因に，国民が望む憲法改正が実現しない可能性がある。しかも，議員が自己の利益の最大化のために合理的選択をすると，議員に不利益を及ぼす憲法改正原案は発案されないのだから，その可能性は現実的な可能性といえる。

 そのため，憲法 96 条改正論に基づく憲法改正をしても，国民の意思を憲法改正に反映できるようになるわけではない。

 ということをふまえると，「憲法 96 条改正論に基づく憲法改正をして，『憲法を国民の手に取り戻す』」というのは，誇大広告ともいえる。

 薬事法 66 条 1 項は「何人も，医薬品，医薬部外品，化粧品又は医療機器の名称，製造方法，効能，効果又は性能に関して，明示的であると暗示的であるとを問わず，虚偽又は誇大な記事を広告し，記述し，又は流布してはならない」とする。薬事法はもちろん国会で議員が成立させたものだ。

 「隗より始めよ」という言葉がある。

 議員・政党は，憲法改正に関して，明示的・暗示的な誇大広告をするべきではない。

 なお，もちろん，国民投票が行われやすくなれば，それだけで，「憲法を国民の手に取り戻す」ことになるという考え方もありえ，その考え方によると，「憲法 96 条改正論に基づく憲法改正をして，『憲法を国民の手に取り戻す』」というのは，誇大広告ではない。

 ただ，国民投票が行われやすくなれば，それだけで，「憲法を国民の手に取り戻す」ことになるという考え方，すなわち，国民投票が行われやすくなれば，国民の意思を憲法改正に反映できなくても，「憲法を国民の手に取り戻す」ことになるという考え方が，どれ程の賛同を得られるのだろうか。

(3) 勝ちと負け

　しかも，国会発議要件が「各議院の総議員の過半数の賛成」になるということは，もちろん，衆議院・参議院の総議員の過半数が賛成すれば，国会は発議することができるということだ。ただ，国会発議要件が「各議院の総議員の過半数の賛成」になるということは，衆議院の総議員の過半数，あるいは，参議院の総議員の過半数が反対すると，国会は発議することができないということでもある。

　それらのことは，具体的には何を意味するのだろうか。

　与党は，通常，衆議院・参議院で過半数の議席をもつ。そこで，まず，与党が衆議院・参議院で過半数の議席をもっている場合について考える。

　日本では，国会の議決の際，ほぼ全ての場合に，政党は党議拘束[93]をかける[94]。そのため，その場合，国会が発議する憲法改正案を，与党が決定することができる。与党が望めば発議されるし，望まなければ発議されない。そのため，国民投票にかけられる憲法改正案は，与党が望む憲法改正案だ。そして，国民投票で，憲法改正案は承認されるか，承認されないかだ，修正された上で承認されることはない。だから，国民投票では，与党が望む憲法改正案が承認されるか，承認されないかだ。そのため，その場合は，与党が望む憲法改正が行われるか，憲法がそのままになるかだ，与党が望まない憲法改正は行われない[95]。

　また，近年，国会がねじれ国会になっていることが少なからずある。そこで，次に，国会がねじれ国会になっている場合について考える。

　ねじれ国会とは，衆議院で与党が過半数の議席をもち，参議院で野党が過半数の議席をもつ状態になっている国会のことだ。だから，ねじれ国会になっていても，与党は，衆議院で過半数の議席をもっている。そのため，与党が望まなければ発議されない。ただ，与党は参議院で過半数の議席をもっていないので，与党が望めば発議されるとい

うことではない。それでも，与党が望まなければ発議されないのだから，与党が望まない憲法改正は行われない[96]。

「自らの望む憲法改正がされることを，勝ち」「自らの望まない憲法改正がされることを，負け」とすると，国会発議要件「各議院の総議員の過半数の賛成」は与党が負けない憲法改正のルールだし，また，憲法96条改正論は与党が勝ちやすいルールにするものだ。

国会発議要件を「各議院の総議員の過半数の賛成」にすると，与党は国会の発議を自らのコントロール下に置きやすくなるのだ。憲法・憲法改正に関する与党のコントロール能力を高めるのが，憲法96条改正論だ。

そのため，「憲法を取り戻す」ということに注目して，あえていうと，憲法96条改正論は，「憲法を与党の手に取り戻す」ものといえる。

(4) 誰が憲法を取り戻すのか？

ところで，憲法96条改正論は，国会発議要件を緩和することによって，「憲法を国民の手に取り戻す」ことを目指すものとされている[97]。

そこで，「(4) 誰が憲法を取り戻すのか？」では，その考え方に従って，考えてみたい。

その考え方に従うと，憲法96条改正論よりも国会発議要件をさらに緩和する考え方を採用すれば，より効果的に「憲法を国民の手に取り戻す」ことが実現できると考えられる。すなわち，憲法96条改正論は国会発議要件を「各議院の総議員の過半数の賛成」にしようという考え方だが，国会発議要件を「各議院の総議員の3分の1以上の賛成」「各議院の総議員の4分の1以上の賛成」「各議院の総議員の5分の1以上の賛成」などにした方が，「憲法を国民の手に取り戻す」ことが実現できると考えられる。

国会発議要件を「各議院の総議員の過半数の賛成」よりも緩和して

はならないということはない。だから，国会発議要件を「各議院の総議員の過半数の賛成」よりも緩和するという選択肢はある[98]。

ただ，「憲法を与党の手に取り戻す」という観点から考えると，国会発議要件を「各議院の総議員の過半数の賛成」よりも緩和してしまうことには問題がある。

国会発議要件を「各議院の総議員の過半数の賛成」よりも緩和してしまうと，例えば，国会発議要件を「各議院の総議員の3分の1以上の賛成」にしてしまうと，与党が負ける可能性があるルールになってしまう。すなわち，議会の少数派に属する議員が協力し，国会発議要件「各議院の総議員の3分の1以上の賛成」をクリアし，与党の望まない憲法改正案を国会が発議し，それが国民投票で承認され，与党の望まない憲法改正が行われる可能性がある。

与党が反対すると国会発議要件「各議院の総議員の過半数の賛成」をクリアすることはできない。それに対し，与党が反対すると国会発議要件「各議院の総議員の3分の1以上の賛成」をクリアすることはできない，とはいえない。

そのため，国会発議要件を「各議院の総議員の過半数の賛成」より緩和してしまうと，与党は国会の発議を自らのコントロール下に置きにくくなるのだ。

国会発議要件を「各議院の総議員の過半数の賛成」よりも緩和することは，「憲法を国民の手に取り戻す」という観点からは望ましいが，「憲法を与党の手に取り戻す」という観点からは望ましくないということだ。国会発議要件を「各議院の総議員の過半数の賛成」よりも緩和することは，「憲法を野党の手に取り戻す」ことにもつながってしまうのだ。

要するに，国会発議要件が厳格過ぎると，与党だけでは国会発議要件をクリアできないことを原因に，憲法・憲法改正に関する与党のコントロール能力は低くなってしまうが，逆に，国会発議要件が緩和さ

れ過ぎると，与党が反対しても野党だけで国会発議要件をクリアできてしまうことを原因に，憲法・憲法改正に関する与党のコントロール能力が低くなってしまうということだ。

　そして，憲法・憲法改正に関する与党のコントロール能力を高くするために，丁度良い程度の国会発議要件が「各議院の総議員の過半数の賛成」ということだ。

(5) ２つの問題の解消

　そして，以上のことをふまえると，現在の憲法改正手続にも，憲法96条改正論に基づく憲法改正手続[99]にも，国民の意思を憲法改正に反映させるという観点からは，問題があるということがわかるだろう。

　具体的にいうと，憲法改正のための「発案→発議→承認」という流れのうち，「発案」「発議」に問題がある。

　「発案」に関しては，国民の望む憲法改正原案が提出されない可能性がある。

　「発議」に関しては，国民投票にかける憲法改正案として国民の望むものが決定されない可能性がある（国民の望む憲法改正案が国民投票にかけられない可能性がある）。

　そうすると，「発案」に関しては，国民の望むものを提出できるようにし，「発議」に関しては，国民の望む憲法改正案が国民投票にかけられないことがないようにすればよい（国民の望むものが発議の段階で潰されないようにすればよい），ということになる。

　問題は，そのようなことを実現することができる制度があるか，ということだ。

　そのようなことを実現することができる制度はある（「ある」といっても，現在，日本で導入されているということではない）。

　それは，直接イニシアティブだ。

　直接イニシアティブとは，特定数・特定率の国民（有権者）の署名

を得て国民（有権者）が発案した憲法改正案をそのまま国民投票にかけ，国民投票で承認されたら憲法改正がされるという制度だ[100]。

　直接イニシアティブの場合，発案権は国民にあるのだから，国民が望むものを提出できるようになる。

　また，直接イニシアティブの場合，国民が発案した憲法改正案をそのまま国民投票にかけるので，国民の望むものが発議の段階で潰されることはない（先程述べたように，現在の制度では，憲法改正は「発案→発議→承認」という流れで行われる。憲法96条改正論に基づく憲法改正をしても，それは同様だ。それに対し，直接イニシアティブによる憲法改正は「発案→承認」という流れで行われる。つまり，国民の望むものが発議の段階で潰されないように，憲法改正の流れから「発議」を除去するのが，直接イニシアティブだ）。

　アメリカのカリフォルニア州の憲法改正手続に，直接イニシアティブの前例がある[101]。

　ただ，日本は間接民主制[102]を原則としている。そのため，直接民主制[103]の一形態の直接イニシアティブを持ち出すと，突拍子もないことをいい出したと思われるかもしれない。しかし，憲法には，国政レベルの直接民主制の制度が規定されており，具体的には，その制度として，憲法改正の国民投票，最高裁判所裁判官の国民審査[104]，地方特別法の住民投票[105]が規定されている。つまり，憲法には，国政レベルの直接民主制の制度の前例があり，しかも，それは複数ある。

　そして，憲法改正手続として直接イニシアティブを導入することによって，国民の意思を憲法改正に反映させることができる。

　現在の憲法改正手続のままにするよりも，あるいは，憲法96条改正論に基づく憲法改正手続を導入するよりも，憲法改正手続として直接イニシアティブを導入した方が，国民の意思を憲法改正に反映させることができ，「憲法を国民の手に取り戻す」ということが実現できるのに，なぜ，憲法96条改正論ばかり主張され，憲法改正手続とし

て直接イニシアティブを導入することが主張されないのだろうか。

　もちろん，現在の憲法改正手続のままにするよりも，あるいは，憲法96条改正論に基づく憲法改正手続を導入するよりも，憲法改正手続として直接イニシアティブを導入した方が，③憲法・憲法改正に関する国民の議論を活発にすること，④憲法に対する意思表示の機会を国民が得やすくすることを実現できる。国民の発案権に関して述べたことをふまえると，そのことはわかるだろう。

　だから，❷憲法・憲法改正に関する国民の議論を活発にすることは重要，❸憲法に対する意思表示の機会を国民が得ることは重要，と思っているのであれば，憲法改正手続として直接イニシアティブを導入するべきだ。

　憲法改正を国民の手に委ねることに問題があるのだろうか，議員にとって何か不都合があるのだろうか。

　憲法に関するインタビューで，「96条を先行させる意図，目的とは」ということに関して，安倍晋三内閣総理大臣は「国民の見識を信じ，（国民投票で）2分の1の国民が賛成するものは変えていく。同時に国民にも，憲法改正に関わっていくことに責任が発生する。改正することで初めて，憲法を自分自身のものとして国民に感じてもらえ，国民の手に取り戻せる」と発言した[106]（なお，安倍晋三内閣総理大臣の発言の「改正することで初めて，憲法を自分自身のものとして国民に感じてもらえ，国民の手に取り戻せる」という部分に対しては，「改正しなくても，国会が発議した国民にとって望ましくない憲法改正案を国民投票で承認しないことによって，国民は憲法を自分自身のものと感じることができる。なぜなら，そのときは，国民にとって望ましくない憲法改正から，国民の手で憲法を守ったことになるからだ。『国会が発議した憲法改正案を国民投票で承認しなかったら，国民は憲法を自分自身のものと感じることはできない』と聞こえるようないい方，『国会が発議した憲法改正案を国民投票で承認しなかったら，

憲法を国民の手に取り戻せない』と聞こえるようないい方はやめてほしい。憲法を国民の手に取り戻したかったら，国民は国会の意見に従えということか？ 憲法を国民の手に取り戻したかったら，国民は与党の意見に従えということか？ そのような表現を聞くと，そもそも，『国民の手に取り戻せる』の『国民』とは，国民一般のことを指しているのか，という疑問が生じる」と思う人もいるかもしれない[107]）。

　国民の見識を信じるのなら，憲法改正手続として直接イニシアティブを導入して，憲法改正を国民の手に委ねるべきだ。

　国民の見識を信じるにもかかわらず，憲法改正に議員が介入することができる憲法 96 条改正論を主張する目的は何だろうか。

　「本当は国民の見識を信じていない」「国民の見識は信じているが，議員に不利益の及ぶ憲法改正は認められないので，それを阻止するために議員の介入が必要」なんていうことはないはずだ。

　では，その目的は何だろう。

Ⅵ 原子力発電所と国民投票

1 国民投票は3種類

　ここで，「国民の見識を信じる」ということに注目したい。

　福島原子力発電所事故の影響もあり，原子力発電所をどうするかということを国民自身で選択しよう，すなわち，原子力発電所をどうするかという国民投票をしようという主張が少なからずされるようになっている。

　そのような国民投票は，憲法96条の国民投票，すなわち，憲法改正国民投票とは異なる国民投票で，一般的国民投票といわれるものだ。

　話がわかりにくくなるのを避けるため，ここで，国民投票について簡単に説明する。

　国民投票には，3種類ある。

　具体的には，「憲法改正国民投票」「一般的国民投票」「予備的国民投票」だ。

　「憲法改正国民投票」は，憲法96条の国民投票で，その言葉のとおり，憲法改正のための国民投票だ。本書で，ただ「国民投票」と記載しているものは，もちろん，憲法改正国民投票のことだ。

　「一般的国民投票」は，しばしば話題になるもので，国政上の重要問題を対象とする国民投票だ。国政上の重要問題としては，原子力発電所に関する問題，統治機構に関する問題，生命倫理に関する問題，死刑制度に関する問題等をあげることができる[108]。

　「予備的国民投票」は，憲法改正を要する問題及び憲法改正の対象となり得る問題についての国民投票で[109]，国民が憲法についてどの

ように考えているのかを国会が把握するための世論調査のような国民投票だ[110]。「予備的国民投票」と「憲法改正国民投票」は，憲法改正に関する国民投票という点で共通する。そして，「予備的国民投票」と「憲法改正国民投票」の関係は，「予備的国民投票」を行った後に，その結果をふまえて，「憲法改正国民投票」の手続，すなわち，憲法96条の憲法改正手続に入っていくというものだ[111]（「その結果をふまえて」に関してだが，「予備的国民投票」の結果には法的拘束力がないことが想定されている[112]）。

2 一般的国民投票の導入が主張される理由

では，間接民主制を原則とする日本で，直接民主制の制度である一般的国民投票の導入が主張される理由は何だろうか。

選挙において，国民は政党・候補者に投票し，特定の政策・理念についての賛否を示すわけではない。

そのため，例えば，政策 α・政策 β・政策 γ を主張している政党Aに国民が投票するとき，国民が政策 α・政策 β・政策 γ 全てに賛成して政党Aに投票することもあるし，国民が政策 α には反対しているものの，政策 β・政策 γ に賛成して政党Aに投票することもある。

だから，政党Aが選挙に勝利し政権を獲得し与党になった場合であっても，国民が政策 α・政策 β・政策 γ 全てに賛成しているとは限らない。

例えば，政党Aが選挙に勝利し与党になった場合に，国民が政策 β・政策 γ には賛成しているものの，政策 α には反対しているということも考えられる。

そのような場合に，その政権が政策 α を実行すると，国民にとっては残念なことになってしまう。

もちろん，「政策 α を実行されるのが嫌なのであれば，国民は政党Aに投票しなかったらよかったではないか。政策 α が実行されてし

まうのは，国民の自己責任だ」という指摘・批判があるかもしれない。
　しかし，現実問題として，ある政党の政策全てに賛同して，その政党に投票することができるという幸運なことはなかなかない。賛成する政策もあり，反対する政策もあり，どうでもよい政策もあり，よくわからない政策もある中で，総合考慮して，ある政党に投票するという人がほとんどだろう。考え方は千差万別なのだから，それは全く不思議なことではない。
　そのようなことを背景に，国民が特定の政策に対する明確な賛否の意思表示をするための手段として，一般的国民投票の導入が主張される。
　なお，一般的国民投票を導入した場合に考えられることは他にもあり，選挙の際に争点にならなかった重要問題が選挙後に生じたときに，国民がその問題に対し，一般的国民投票で意思表示をするということが考えられる。

3 導入に賛成しなかったのは誰か？

　国会でも，一般的国民投票の法律による導入について議論されたことがある。
　その議論は，日本国憲法の改正手続に関する法律の成立前に行われた。
　民主党は，一般的国民投票を含む国民投票法案を提出した。
　それに対し，自由民主党を中心とする与党は，憲法改正国民投票に限定した国民投票法案を主張した。
　つまり，自由民主党を中心とする与党と民主党の間には，国民投票を，憲法改正国民投票に限定したものにするか，一般的国民投票を含めたものにするか，という主張の違いがあった[113]。
　自由民主党を中心とする与党は，一般的国民投票の導入に賛成しなかったのだ。

そして，そのことを背景として，2007年5月14日に成立した法律は，一般的国民投票を含まないものになった。

その法律が，日本国憲法の改正手続に関する法律だ。

4 導入に賛成しなかったのはなぜか？

自由民主党は，なぜ，一般的国民投票の導入に賛成しなかったのか。憲法上，一般的国民投票の導入をすることができないのだろうか。

そうではない。

政府の憲法解釈は，諮問的な一般的国民投票は憲法上許容されるというものだ（なお，「諮問的」な国民投票とは，国民投票の結果に法的拘束力がないものだ[114]。そして，先程述べたように，民主党は一般的国民投票を含む国民投票法案を提出したわけだが，その一般的国民投票は諮問的なものだった）。具体的には，1978年2月3日，第84回国会衆議院予算委員会で，真田秀夫政府委員・内閣法制局長官（当時）は「したがいまして，たとえ法律をもっていわゆる住民投票制を設けるといたしましても，いま申しましたような憲法の趣旨から見まして，その住民投票の結果が法的な効力を持って国政に参加するという形に仕組むことは，これは憲法上恐らく否定的な結論になるのだろうと思いますが，ただいまおっしゃいましたように，法的な効力は与えない，どこまでも国会が唯一の立法機関であるという憲法四十一条の原則に触れないという形に制度を仕組むということであれば，まずその点は憲法に違反しない。しかも，どういう事項についてこれを国民投票に付するかということについても，国会自身が決めるということであれば，それはやはり国会が国権の最高機関であるという原則にも触れないであろう。したがいまして，個別的な事案につきまして国民全体の意思を，総意を国会がいろいろな御審議の参考にされるために国民投票に付するという制度を立てることが，直ちに憲法違反だとは私も思っておりません」と答弁した[115]。

政府の憲法解釈によって，憲法上認められないとされている集団的自衛権の行使を可能にすることには一生懸命な自由民主党が，政府の憲法解釈によって，憲法上認められるとされている諮問的な一般的国民投票の導入に賛成しなかったことに対して，「おかしい」と感じる人もいるかもしれないが，そのようなことは，おかしくない。なぜなら，憲法上認められていないことはできないというだけで，憲法上認められていることはするべきということではないからだ（例えば，消費税を 20% にすることが憲法上認められるからといって，消費税を 20% にするべきということにはならない）。

　では，なぜ，諮問的な一般的国民投票は憲法上許容されるというのが政府の憲法解釈なのに，自由民主党は一般的国民投票の導入に賛成しなかったのか。

　自由民主党が一般的国民投票の導入に賛成しなかった理由は，①憲法改正国民投票と一般的国民投票は本質的に異なるので [116]，今回は憲法改正国民投票の具体化に限定するのが適当だということ [117]，②憲法は国会を国の唯一の立法機関とし，間接民主制を原則としているということ，③憲法上，直接民主制の制度は，最高裁判所裁判官の国民審査，地方特別法の住民投票，憲法改正国民投票に限定されているということ，④一般的国民投票は，その効果が諮問的なものであっても，事実上の拘束力がありえることは否定できず，間接民主制の根幹に関わる重大な問題だ [118] ということだ [119]。

　その理由は，大きく分けて，①と②③④に分けることができる。①は法律の対象の問題で，②③④は憲法の直接民主制・間接民主制に関する問題だ。

5 憲法改正国民投票と一般的国民投票

　「国民の見識を信じる」のであれば，憲法改正によって一般的国民投票を導入して，国政上の重要問題に対して国民が意思表示できるよ

うにした方がよい，というか，できるようにするべきだ。

　憲法改正をして一般的国民投票を導入するということは，憲法が一般的国民投票導入を認めるということなので，それをすることによって，自由民主党が一般的国民投票の導入に賛成しなかった理由②③④は解消される。

　そして，自由民主党が一般的国民投票の導入に賛成しなかった理由①は「憲法改正国民投票と一般的国民投票は本質的に異なるので，『今回は』憲法改正国民投票の具体化に限定するのが適当だということ」で，「今回は」なので，憲法改正をして一般的国民投票を導入することに賛成しない理由にはならない。

　憲法改正案に対する賛否に関しては「国民の見識を信じる」，国政上の重要問題に対する賛否に関しては「国民の見識を信じない」というのは，おかしい。

　なぜなら，憲法改正案も，国政上の重要問題も，様々な分野に渡り，それを理由として，「国政上の重要問題に関して正しい判断をするために必要な見識は，憲法改正案に関して正しい判断をするために必要な見識よりも，高度だ」ということではないし，また，「憲法改正案に関する国民の見識は，国政上の重要問題に関する国民の見識よりも，高度だ」ということでもないからだ。例えば，原子力発電所の稼働に関して正しい判断をするために必要な見識が，国防軍の保持・集団的自衛権行使の容認に関して正しい判断をするために必要な見識よりも，高度なものということはない（原子力発電所の稼働は，国政上の重要問題の一例としてあげた。国防軍の保持・集団的自衛権行使の容認は，憲法改正案の一例としてあげた[120]）。分野が違う問題なので，比較することはできない。また，国防軍の保持・集団的自衛権行使の容認に関する国民の見識は，原子力発電所の稼働に関する国民の見識よりも，高度なものということもない。そしてまた，統治機構のある分野の国政上の重要問題に関して正しい判断をするために必要な見識が，

その分野の憲法改正案に関して正しい判断をするために必要な見識よりも，高度なものということはないし，また，後者に関する国民の見識が，前者に関する国民の見識よりも，高度なものということもない。

「国政上の重要問題に関して正しい判断をするために必要な見識は，憲法改正案に関して正しい判断をするために必要な見識よりも，高度だ」「憲法改正案に関する国民の見識は，国政上の重要問題に関する国民の見識よりも，高度だ」というのであれば，「憲法改正案に対する賛否に関しては『国民の見識を信じる』，国政上の重要問題に対する賛否に関しては『国民の見識を信じない』」というのもおかしくないが，そうではないのだ。

だから，「国民の見識を信じる」ことを背景として，④憲法に対する意思表示の機会を国民が得やすくする憲法改正（憲法96条改正論に基づく憲法改正）をするのであれば，「国民の見識を信じる」ことを背景として，国政上の重要問題に対する意思表示の機会を国民が得やすくする憲法改正，すなわち，一般的国民投票を導入する憲法改正をするべきだ。

もちろん，諮問的な一般的国民投票は憲法上許容されるという政府の憲法解釈をふまえると，「国民の見識を信じる」ことを背景として，④憲法に対する意思表示の機会を国民が得やすくする憲法改正（憲法96条改正論に基づく憲法改正）をするのであれば，「国民の見識を信じる」ことを背景として，法律によって諮問的な一般的国民投票を導入するべきだ，といえる。

しかし，自由民主党「日本国憲法改正草案」には，一般的国民投票導入の規定はない。

なぜ，自由民主党「日本国憲法改正草案」には，その規定がないのだろう。

「本当は国民の見識を信じていない」「国民の見識は信じているが，一般的国民投票で示される国民の意思によって，自分たちの望む政策

の実行を妨害されるのは嫌だ。国民は黙っていろ」なんていうことはないはずだ。

では，なぜだろう。

「その理由は，一般的国民投票を導入すると，迅速な政策決定・実行ができなくなってしまうおそれがあるということだ」と考える人もいるかもしれない。

ただ，その考え方は，社会の動きに適合した憲法改正をするために，憲法改正手続から国民投票を除去する憲法改正をするべきだという考え方につながる。なぜなら，憲法改正も，憲法の規定する手続に従って，憲法の条項の修正・追加・削除をするという政策だからだ。

では，社会の動きに適合した憲法改正をするために憲法改正手続から国民投票を除去する憲法改正をするべきだという考え方をするものが，憲法改正手続から国民投票を除去しようとしないことの背景にはどのような考え方があるのだろうか。

「社会の動きに適合した憲法改正をするために，憲法改正手続から国民投票を除去する憲法改正をするべきだ。しかし，そのような憲法改正には国民が賛成しないので，それを実現することは現実的には不可能だ。だから，国民投票で国民に意思表示をさせてやるか。仕方がない」「社会の動きに適合した憲法改正をするために，憲法改正手続から国民投票を除去する憲法改正をするべきだ。しかし，憲法改正の限界の議論[121]があるので，それを実現することは現実的には不可能だ。だから，国民投票で国民に意思表示をさせてやるか。やむを得ない」という考え方だろうか。

以上で述べたことと密接に関係する指摘があり，それは，憲法96条改正論に関する東京大学教授の石川健治氏の次の指摘だ，「良き民主政治にとって，『代表』は必要不可欠か，というのは真剣に問う必要のある問いである。もちろん賛否両論であろう。有権者は日頃自分自身の利益を追求するので手いっぱいだから，国民全体の立場から

しっかりと議論をし，公共の利益を追求する『代表』なしには，良き民主政治にはならない。これが，日本国憲法が採用する，間接民主制（代表民主制）の論理である。中央政治・地方政治を問わず，旧来の自民党政治家に，『代表』を飛ばして直接『民意』に訴える，国民投票や住民投票の導入に懐疑的なタイプの人が多かったのは，その意味では首尾一貫していた。そして，憲法改正手続きから国民投票をはずすことを主張するならば，その当否は別として，議会政治家として筋が通っている。ところが，今回の改憲提案では，直接『民意』に訴えるという名目で，議会側のハードルを下げ，しゃにむに国民投票による単純多数決に丸投げしようとしている。議会政治家としての矜持（きょうじ）が問われよう。衆愚政治に陥らない民主政治とは何であるかを，真摯（しんし）に議論する必要がある」[122]。

6 海外における一般的国民投票

　以上のように，日本では，一般的国民投票は導入されていない。
　では，海外では，どうなっているのだろう。
　一般的国民投票を導入している国は多数存在する。例えば，フランス（憲法11条）・スイス（憲法140条・141条）・イタリア（憲法75条）・デンマーク（憲法42条）だ[123]。
　また，原子力発電所と国民投票に関していうと，イタリアでは，2011年6月12日と6月13日に実施された原子力発電の再開の賛否を問う国民投票が成立し，政府の原子力発電再開の計画が圧倒的多数（約95％）で否決された[124]。
　国民の見識を信じて，日本でも原子力発電所に関する国民投票を実施してみたらどうだろう。
　先程述べたように，政府の憲法解釈は，諮問的な一般的国民投票は憲法上許容されるというものなのだから。
　原子力発電所に関する国民投票を実施することによって，政府に何

か不都合があるのだろうか。
　イタリアにおける原子力発電の再開の賛否を問う国民投票に関しては，ベルルスコーニ政権は国民投票不成立を目指したが，失敗した[125]。
　原子力発電所をどうするかという国民投票をしようという国民の声に，今後，日本政府はどのように対応していくのだろうか。
　その声に応えるのか，その声を黙殺するのか，どうするのだろうか。
　主権者は国民なのだから，国民の見識を信じるのであれば，一般的国民投票で示される国民の意思が，憲法上許容される形で，政治に一定の影響を与えるのは望ましいことのはずだが。

Ⅶ 国の形

1 ここまでの視点
　以上のように，集団的自衛権の行使を可能にすることが必要と考えるのであれば，政府の憲法解釈の変更ではなく，憲法改正によって，集団的自衛権の行使を可能にすることを目指すべきだ。
　そして，以上では，便宜的・意図的な政府の憲法解釈変更の問題点，憲法 96 条改正論の目的をふまえて，そのように考えた。
　ここからは，国の形に注目して，考えていく。

2 国民投票と国の形
　憲法改正のための国民投票は，国の形を決めるものだ[126]。
　そのことに関して，2005 年 10 月 27 日，第 163 回国会衆議院日本国憲法に関する調査特別委員会で，中山太郎委員長（当時）は「ここで，理事会の申し合わせに基づきまして，委員長として，この国会で日本国憲法改正国民投票制度に関してどのような議論が行われてきたのか等について，一言申し上げたいと思います。最初に，国民投票における投票権者の範囲について申し上げますと，年齢要件や，受刑中の者や選挙犯罪によって公民権停止中の者の取り扱いについて議論が行われました。年齢要件については，国民投票権の年齢要件を十八歳以上とすることの是非及び選挙権の年齢要件と国民投票権のそれを同じにすべきかどうか等が議論され，また，受刑中の者等についても国民投票権者に含めるかどうかが議論されました。いずれについても両論が述べられたわけでございますが，年齢要件，受刑中の者等の扱い

に関し，国民投票権者の範囲を選挙権の場合よりも広いものとすべきであるとする意見は，国民投票は国の形を決めるものであるから，できる限り多くの国民にこれを付与すべきであるという考え方を基礎とするものでございます」と発言した[127]。

その発言は，「国民投票権者の範囲を選挙権者の範囲よりも広くするべきという意見がある。そして，その意見は，国民投票は国の形を決めるものだから，できる限り多くの国民に国民投票の投票権を認めるべきという考え方を基礎としている」というものだ。

そして，その発言の後，2007年5月14日に日本国憲法の改正手続に関する法律が成立し，国民投票権者に関して規定された。そして，規定された国民投票権者の範囲は，選挙権者の範囲よりも広い。

そのため，国民投票は国の形を決めるものだから，できる限り多くの国民に国民投票の投票権を認めるべきという考え方が採用されたと考えることができる。

国民投票の投票権が認められている者は，国民投票で投票することができる，すなわち，国民投票に参加することができる。

つまり，採用されたその考え方は，国民投票は国の形を決めるものだから，できる限り多くの国民が国民投票に参加できるようにするべきというものだ。

国の形を決める際に，できる限り多くの国民が参加できるようにするべきということは，日本が国民主権の原則を採用していることをふまえると，納得しやすいだろう。

そして，そのことをふまえると，国の形の変化が大きいほど，それを決める際に，国民が参加できるようにするべきということになる。

具体的にいうと，国の形の変化が大きいほど，それを決める際に，国民の参加の機会となる国民投票が行われない政府の憲法解釈の変更という方法ではなく，国民投票が行われる憲法改正という方法を採用するべきということになる。

では，集団的自衛権の行使を可能にすることは，国の形に大きな変化をもたらすのだろうか。

3 平和主義と国の形

集団的自衛権の行使は，憲法9条に関することだ。

憲法9条は，平和主義に関する規定だ[128]。

そして，平和主義は，国民主権・基本的人権の尊重と並ぶ日本国憲法の三大原則だ。

その憲法9条の下，集団的自衛権は行使することができないとされてきた。

そのため，集団的自衛権の行使を可能にすることは，日本国憲法の三大原則に関する大きな変化といえ，国の形に大きな変化をもたらすといえる。「憲法上集団的自衛権を行使することができない」を，「憲法上集団的自衛権を行使することができる」にするのは，180度の転換だ。

だから，集団的自衛権の行使を可能にすることが必要と考えるのであれば，政府の憲法解釈の変更ではなく，憲法改正によって，集団的自衛権の行使を可能にすることを目指すべきだ。

❷憲法・憲法改正に関する国民の議論を活発にすることは重要，❸憲法に対する意思表示の機会を国民が得ることは重要と思っているのであれば，そうするべきだ。日本国憲法の三大原則に関する180度の転換の際にこそ，国民の議論を活発にさせ，憲法に対する意思表示の機会を国民が得ることができるようにするべきだ。

4 集団的自衛権行使と国の形

(1) 集団的自衛権行使容認が導くこと

ただ，「集団的自衛権の行使を可能にすることが憲法上国の形に大きな変化をもたらすとしても，集団的自衛権の行使を可能にしたとき

に実際に行われることが従来と同じようなことで、国の形に大きな変化をもたらさないのであれば、憲法改正ではなく、政府の憲法解釈の変更によって、集団的自衛権の行使を可能にしてもいいじゃないか。『憲法』『憲法』『9条』『9条』『平和主義』『平和主義』とうるさい」と思う人もいるかもしれない。

　では、集団的自衛権の行使を可能にすると、どうなるのだろうか。

　先程述べたように、集団的自衛権とは、自国と密接な関係にある外国に対する武力攻撃を、自国が直接攻撃されていないにもかかわらず、実力をもって阻止する権利だ。

　だから、集団的自衛権の行使を可能にすると、そのような権利を行使することが可能になる。

(2) 集団的自衛権行使のイメージ

　ただ、集団的自衛権の行使を可能にすること関しては、政府が目指していることと、国民が思っていることに乖離があるようだ。

　それを示す世論調査の結果がある。

　2013年の第23回参議院議員通常選挙の前に中日新聞が行った世論調査によると、「集団的自衛権の行使でイメージする自衛隊の活動」という質問に対する回答は、「米軍などとともに国連の平和維持活動（PKO）[129]に参加する」の割合が最も高く32%、「戦闘地域以外で、米軍の兵員輸送や食料・燃料の供給など支援活動を行う」が30%、「公海上で米艦艇が攻撃を受けた場合、防衛に当たる」が15%、「米国に向かうかもしれない弾道ミサイルを迎撃する」が7%、「イラク戦争など海外で米軍が主導する戦争に派兵し、戦闘に参加する」が6%、「分からない・無回答など」が9%だった[130]（【著者注】各回答の割合の合計が100%にならないが、中日新聞の記事による）。

　その世論調査の結果を見ると、「米軍などとともに国連の平和維持活動（PKO）に参加する」「戦闘地域以外で、米軍の兵員輸送や食料・

燃料の供給など支援活動を行う」という回答の割合が特に高いということがわかる。

(3) 自衛隊と PKO

ただ,「集団的自衛権の行使でイメージする自衛隊の活動」という質問に対する回答のうち,割合が最も高かった「米軍などとともに国連の平和維持活動（PKO）に参加する」に関しては,すでに行われている。

防衛省・自衛隊の HP にも「防衛省・自衛隊は,国際平和協力法,国際緊急援助隊法及び各種特別措置法に基づき,国際平和協力活動に積極的に取り組んでいる。現在までに,国連平和維持活動（いわゆる PKO）への協力をはじめとする国際平和協力業務,海外の大規模な災害に対応する国際緊急援助活動,旧イラク特措法に基づく活動ならびに旧テロ特措法に基づく活動及び旧補給支援特措法に基づく活動を行ってきた」と明記されている[131]。

具体的には,自衛隊が参加した国連平和維持活動（PKO）として,南スーダン国際平和協力業務,ゴラン高原国際平和協力業務などをあげることができる。

つまり,憲法改正・政府の憲法解釈の変更によって,集団的自衛権の行使を可能にしなくても,「米軍などとともに国連の平和維持活動（PKO）に参加する」に関しては,すでに行われているということだ。

(4) 自衛隊とイラク・インド洋

また,「集団的自衛権の行使でイメージする自衛隊の活動」という質問に対する回答のうち,2番目に高い割合の回答だった「戦闘地域以外で,米軍の兵員輸送や食料・燃料の供給など支援活動を行う」に関しても,すでに行われている。

例えば,まず,米軍のイラク派兵のときに,自衛隊による兵員輸

送・物資輸送は行われている。なお，武器弾薬の輸送は行わないとされていたが[132]，輸送の対象となる人員が武器を携行する場合には，常識的な範囲内で通常携行するものに限って，人員輸送の一環として輸送することとされた[133]。

また，自衛隊インド洋派遣の際，諸外国の軍隊等に燃料供給がされた[134]。

つまり，憲法改正・政府の憲法解釈の変更によって，集団的自衛権の行使を可能にしなくても，「戦闘地域以外で，米軍の兵員輸送や食料・燃料の供給など支援活動を行う」に関しては，すでに行われているということだ。

(5) 理解の不十分さ

というように，「集団的自衛権の行使でイメージする自衛隊の活動」という質問に対する回答として割合が特に高かった「米軍などとともに国連の平和維持活動（PKO）に参加する」「戦闘地域以外で，米軍の兵員輸送や食料・燃料の供給など支援活動を行う」に関しては，すでに行われている。

ただ，先程から述べているように，日本は，国際法上集団的自衛権を保有しているが，憲法上それを行使することができない。

だから，すでに行われていることを「集団的自衛権の行使でイメージする自衛隊の活動」としてあげるのは，不適切だ。

「集団的自衛権の行使でイメージする自衛隊の活動」という質問に対する回答として「米軍などとともに国連の平和維持活動（PKO）に参加する」「戦闘地域以外で，米軍の兵員輸送や食料・燃料の供給など支援活動を行う」の割合が高く，合わせて6割を超えていることに関して，名古屋大学教授の愛敬浩二氏は「国民の間で十分に理解されていない」と分析している[135]。

(6) 米艦防護とミサイル迎撃

 政府が，集団的自衛権の行使を可能にすることによって目指していることは，2008年6月24日にだされた安全保障の法的基盤の再構築に関する懇談会「報告書」[136] を見ると，ある程度わかる。

 安倍晋三内閣総理大臣（当時）は①公海における米艦の防護，②米国に向かうかもしれない弾道ミサイルの迎撃，③国際的な平和活動における武器使用，④同じ国連PKO等に参加している他国の活動に対する後方支援に関して問題意識を提示し，安全保障の法的基盤の再構築に関する懇談会で検討するように指示した。

 そして，安全保障の法的基盤の再構築に関する懇談会は，その「報告書」で，①公海における米艦の防護，②米国に向かうかもしれない弾道ミサイルの迎撃に関して，集団的自衛権の行使を可能にすることを提言した。

 まず，①公海における米艦の防護に関して（「領海」ではなく「公海」における米艦の防護だ。「公海」は，どこの国の領海，排他的経済水域等にも含まれない海域で，全ての船舶に対し航行の自由などが認められている[137]）。

 それに関する問題意識は，「共同訓練などで公海上において，我が国自衛隊の艦船が米軍の艦船と近くで行動している場合に，米軍の艦船が攻撃されても我が国自衛隊の艦船は何もできないという状況が生じてよいのか」というものだ[138]。

 そして，それに関して，安全保障の法的基盤の再構築に関する懇談会は「公海における米艦防護については，厳しさを増す現代の安全保障環境の中で，我が国の国民の生命・財産を守るためには，日米同盟の効果的機能が一層重要であり，日米が共同で活動している際に米艦に危険が及んだ場合これを防護し得るようにすることは，同盟国相互の信頼関係の維持・強化のために不可欠である。個別的自衛権及び自己の防護や自衛隊法第95条に基づく武器等の防護により反射的効果

として米艦の防護が可能であるというこれまでの憲法解釈及び現行法の規定では，自衛隊は極めて例外的な場合にしか米艦を防護できず，また，対艦ミサイル攻撃の現実にも対処することができない。よって，この場合には，集団的自衛権の行使を認める必要がある。このような集団的自衛権の行使は，我が国の安全保障と密接に関係する場合の限定的なものである」と提言し[139]，「集団的自衛権の行使を認める必要がある」とした。

これは，中日新聞の世論調査の回答のうちの「公海上で米艦艇が攻撃を受けた場合，防衛に当たる」に関するものだ。

次に，②米国に向かうかもしれない弾道ミサイルの迎撃に関して。

それに関する問題意識は，「同盟国である米国が弾道ミサイルによって甚大な被害を被るようなことがあれば，我が国自身の防衛に深刻な影響を及ぼすことも間違いない。それにもかかわらず，技術的な問題は別として，仮に米国に向かうかもしれない弾道ミサイルをレーダーで捕捉した場合でも，我が国は迎撃できないという状況が生じてよいのか」というものだ[140]。

そして，それに関して，安全保障の法的基盤の再構築に関する懇談会は「米国に向うかもしれない弾道ミサイルの迎撃については，従来の自衛権概念や国内手続を前提としていては十分に実効的な対応ができない。ミサイル防衛システムは，従来以上に日米間の緊密な連携関係を前提として成り立っており，そこから我が国の防衛だけを切り取ることは，事実上不可能である。米国に向かう弾道ミサイルを我が国が撃ち落す能力を有するにもかかわらず撃ち落さないことは，我が国の安全保障の基盤たる日米同盟を根幹から揺るがすことになるので，絶対に避けなければならない。この問題は，個別的自衛権や警察権によって対応するという従来の考え方では解決し得ない。よって，この場合も集団的自衛権の行使によらざるを得ない。また，この場合の集団的自衛権の行使による弾道ミサイル防衛は，基本的に公海上又はそ

れより我が国に近い方で行われるので，積極的に外国の領域で武力を行使することとは自ずから異なる」と提言し[141]，「この場合も集団的自衛権の行使によらざるを得ない」とした。

これは，中日新聞の世論調査の回答のうちの「米国に向かうかもしれない弾道ミサイルを迎撃する」に関するものだ。

その安全保障の法的基盤の再構築に関する懇談会「報告書」は，第1次安倍晋三内閣の下で2007年に設置された安全保障の法的基盤の再構築に関する懇談会が，福田康夫内閣の時にだしたものだ。そして，安倍晋三内閣総理大臣の下で，2013年2月，当時と同じ構成員で[142]，安全保障の法的基盤の再構築に関する懇談会は議論を再開させている。2013年2月8日の安全保障の法的基盤の再構築に関する懇談会第1回では，安倍晋三内閣総理大臣が「我が国の平和と安全を維持するために，我が国は何をなすべきか，過去4年半の，更に将来見通し得る我が国をめぐる安全保障環境の変化を念頭に置いて，改めて，柳井座長の下，再び議論いただきたい」という趣旨の発言をした[143]。

また，2013年8月13日の安倍晋三内閣総理大臣「衆議院議員辻元清美君提出集団的自衛権の行使に関する質問に対する答弁書」は「現在，『安全保障の法的基盤の再構築に関する懇談会』（以下『懇談会』という。）において，我が国周辺の安全保障環境が一層厳しさを増す中，それにふさわしい対応を可能とするよう安全保障の法的基盤を再構築する必要があるとの認識の下，集団的自衛権の問題を含めた，憲法との関係の整理について検討が行われているところであり，政府としては，懇談会における議論を踏まえて対応を改めて検討していく」とし，「政府としては，懇談会における議論を踏まえて対応を改めて検討していく」とした[144]。

だから，「集団的自衛権の行使でイメージする自衛隊の活動」としては，まず，「公海上で米艦艇が攻撃を受けた場合，防衛に当たる」（①公海における米艦の防護）や，「米国に向かうかもしれない弾道ミ

サイルを迎撃する」（②米国に向かうかもしれない弾道ミサイルの迎撃）をイメージするべきなのだ。

「集団的自衛権の行使でイメージする自衛隊の活動」として，従来行われていたような「米軍などとともに国連の平和維持活動（PKO）に参加する」「戦闘地域以外で，米軍の兵員輸送や食料・燃料の供給など支援活動を行う」をイメージしているのと，「公海上で米艦艇が攻撃を受けた場合，防衛に当たる」「米国に向かうかもしれない弾道ミサイルを迎撃する」をイメージしているのとでは，大きな違いがある。

そのため，前者をイメージしたうえでの集団的自衛権行使容認に対する賛否と，後者をイメージしたうえでの集団的自衛権行使容認に対する賛否は，異なる可能性が高い。

(7) 集団的自衛権の対象国はどの国？

また，日本の集団的自衛権というと，対象国としてアメリカをイメージするかもしれない。なぜなら，北朝鮮のミサイル問題との関連で，アメリカを対象国とする集団的自衛権の話題がしばしば報道されているからだ。

ただ，現在，集団的自衛権の対象国として検討されているのは，アメリカだけではない。例えば，オーストラリア，インド，韓国もだ。安全保障の法的基盤の再構築に関する懇談会第1回では，委員から「集団的自衛権の対象国としては，アメリカが中心であるが，集団的自衛権の適用範囲をオーストラリア，インド等に拡大して考えていく必要がある」という意見がだされている[145]。

簡単にいうと，例えば，海上交通路を共同防衛する韓国軍が第三国から攻撃されたときに，自衛隊が反撃することが検討される[146]。

先程から述べているように，「集団的自衛権とは，『自国と密接な関係にある外国』に対する武力攻撃を，自国が直接攻撃されていないに

もかかわらず，実力をもって阻止する権利」だ．

「集団的自衛権とは，『アメリカ』に対する武力攻撃を，自国が直接攻撃されていないにもかかわらず，実力をもって阻止する権利」ではないのだ．

だから，集団的自衛権の対象国が拡大していく可能性は，十分にある．

(8) サイバー攻撃と集団的自衛権

そしてまた，北朝鮮のミサイル問題との関連で，アメリカを対象国とする集団的自衛権の話題がしばしば報道されているので，集団的自衛権の行使というと，物理的攻撃に対するものというイメージがあるかもしれない．

しかし，必ずしもそうではなく，サイバー攻撃に対する集団的自衛権の行使についても検討されている（「サイバー攻撃」は，システム等の正当な利用を妨げることや物理的な損害の発生を意図した行為，情報の不正な取得を意図した行為等を含むサイバー空間を通じた各種の加害行為を概括的に指す[147]）．

安全保障の法的基盤の再構築に関する懇談会第1回では，委員から「サイバー攻撃に対する対応をどうするのか，これは，自衛権の問題であるというのだったら，直ちに出てくるのは，集団的自衛権の問題であるのかという議論である」という意見がだされている[148]．

(9) テロと集団的自衛権

そしてまた，集団的自衛権の行使は，テロとも密接に関係する．

安全保障の法的基盤の再構築に関する懇談会第1回では，委員から「4類型，とりわけ第1，第2類型は[149]，5年前において問題意識に上った事案についてのものであって，当時は，今日・明日の問題への目配りがなかった．具体的には，例えば2001年の9.11型の非国家

主体であるテロリスト集団の『攻撃』に際して，安保理はこれを事実上武力攻撃であると見なし，集団的自衛権の行使を許容した。日本は9.11のようなケースが起きた場合に，今後集団的自衛権の行使を断念し続けるのかということである。これは，国家主体の武力行使ではなく，非国家主体による武力行使であったが，そういう問題が現に起きてきている」という意見がだされている[150]。

集団的自衛権の行使を可能にした場合，いわゆるテロとの戦いに，日本が集団的自衛権を行使し，積極的に介入する日がくる可能性もあるということだ。

具体的にいうと，集団的自衛権というのは，9.11の同時多発テロ後，アメリカのアフガニスタンへの軍事行動の際，イギリスのようにアメリカと共同対処を行った国が，援用したものなのだ[151]。

(10) 集団的自衛権行使が導くこと

以上のことをふまえると，「集団的自衛権の行使でイメージする自衛隊の活動」として，「米軍などとともに国連の平和維持活動（PKO）に参加する」「戦闘地域以外で，米軍の兵員輸送や食料・燃料の供給など支援活動を行う」をイメージすることは，政府が目指していることと大きくズレているということがわかるだろう。

ただ，もちろん，憲法上集団的自衛権の行使を可能にすると，直ちに，以上で述べたことを全てできるようになるということではない。

先程から述べているように，憲法改正・政府の憲法解釈の変更によって集団的自衛権の行使を可能にする場合，集団的自衛権行使のための法整備が必要だ。

つまり，憲法上集団的自衛権の行使を可能にしても，集団的自衛権を行使することができる場合・集団的自衛権行使の要件が法律に規定されることになるので，直ちに，以上で述べたこと全てができるようになるわけではない。

そのことに関して，自由民主党「日本国憲法改正草案Q&A」には「草案では，自衛権の行使について憲法上の制約はなくなりますが，政府が何でもできるわけではなく，法律の根拠が必要です。国家安全保障基本法のような法律を制定して，いかなる場合にどのような要件を満たすときに自衛権が行使できるのか，明確に規定することが必要です」と書かれている[152]。

ただ，注意しなければならないのは，与党（つまり，政府）は，法律を制定・改正することができるのだから，集団的自衛権を行使することができる場合を増やすことができるし，集団的自衛権行使の要件を緩和することもできる，ということだ。

実際アメリカの要請等を背景に自衛隊の海外での活動（もちろん，法律に基づく活動）の幅が広がってきたことをふまえると，集団的自衛権を行使することができる場合が増えていくことや，集団的自衛権行使の要件が緩和されていくことを想定するのは，不合理とはいえないだろう。

特に，集団的自衛権の行使を可能にすることに対しては，それを可能にすると，日本がアメリカの戦争にどんどん巻き込まれていく可能性があるとして[153]，心配する声がある[154]。9.11の同時多発テロ後，アメリカのアフガニスタンへの軍事行動の際，イギリスのようにアメリカと共同対処を行った国が援用したものが集団的自衛権ということや，歴史上集団的自衛権がしばしば濫用されてきたということをふまえると[155]，そのような声があるのも，無理はない（なお，集団的自衛権行使の事例としては，他にも，アメリカのベトナム戦争・ソビエトのチェコスロバキアへの軍事介入・ソビエトのアフガニスタンへの軍事介入等をあげることができる[156]）。

そのことに関し，2013年8月17日，小野寺五典防衛大臣は，集団的自衛権の行使を可能にした場合でも，武力行使を目的にした自衛隊の海外派兵にはつながらないという認識を示した。TBSの番組で「決

して他国に武力行使に行くことはない」と発言し，他国から要請があったとしても「自発的に（集団的自衛権を行使）できる，できないと判断する」と発言した[157]。

ただ，❶政府の憲法解釈は変更される可能性があるということをふまえると，後々，「以前，防衛大臣がそんなことをいっていたこともありましたね，ただ，そのときと今では状況が違います。日本の自発的判断により，集団的自衛権を行使し，海外派兵します」ということになる可能性があるのはわかるだろう（なお，そのような可能性に関して，ある懸念が指摘されている。その懸念とは，集団的自衛権の行使を可能にした場合，アメリカの要請に日本政府が毅然とした対応をとることができるのか，という懸念だ[158]）。

防衛大臣の発言に，後の政府を拘束する完全な力があるか。

ない。

政府の憲法解釈ですら変更されるのだから，防衛大臣の発言など簡単に覆されても全く不思議ではない。

「政府の憲法解釈は変更されます，しかし，防衛大臣の発言はいつまでも後の政府を拘束し続けます」なんていうことはありえない。

以上のことをふまえると，憲法上集団的自衛権の行使を可能にするということは，国の形を大きく変化させることといえる。少なくとも，国の形を大きく変化させる端緒といえる。

だから，やはり，集団的自衛権の行使を可能にすることが必要と考えるのであれば，政府の憲法解釈の変更ではなく，憲法改正によって，集団的自衛権の行使を可能にすることを目指すべきだ。

（11）国民に生じるリスク

少し視点をかえても，次のようにいえる。

集団的自衛権とは，自国と密接な関係にある外国に対する武力攻撃を，自国が直接攻撃されていないにもかかわらず，実力をもって阻止

する権利だ。

　つまり，集団的自衛権は，他者の争いに実力をもって介入することができる権利ということだ。

　だから，集団的自衛権の行使を可能にすることは，日本が他者の争いに実力をもって介入できる国になることを意味する。

　そして，他者の争いに実力をもって介入するということは，その争いの当事者の一方から恨みをかう可能性があるということだ。具体的にいうと，α 国の β 国に対する武力攻撃を，日本が実力をもって阻止したら，α 国が日本を恨む可能性がある（α 国が日本を恨むことが正当か否かは別問題だ）。もちろん，α 国に限定した話ではなく，場合によっては，テロリスト集団 γ が，日本を恨む可能性もある。

　恨みをかえば，当然，日本・日本人が攻撃される可能性がある。

　以上のことからわかるように，集団的自衛権の行使を可能にするということは，他者の争いに実力をもって介入することを原因に恨みをかう可能性がある国に日本をするということだ。

　そして，先程述べたように，国民にもリスクが生じるのだから，日本をそのような国にするか，しないか，ということは，国民に判断させるべきだ。

　だから，やはり，集団的自衛権の行使を可能にすることが必要と考えるのであれば，政府の憲法解釈の変更ではなく，憲法改正によって，集団的自衛権の行使を可能にすることを目指すべきだ。

　もちろん，以上で述べたことは，集団的自衛権行使容認によるメリットを否定するものではない。あらゆる政策に，メリットとデメリットがある（メリットに関しては，先程あげた安全保障の法的基盤の再構築に関する懇談会「報告書」の記載等を見ると，わかるだろう）。

VIII 集団的自衛権行使と総選挙

1 問題の重大性

　以上のように，便宜的・意図的な政府の憲法解釈変更の問題点，憲法96条改正論の目的，集団的自衛権行使容認による国の形の変化の大きさをふまえると，集団的自衛権の行使を可能にすることが必要と考えるのであれば，政府の憲法解釈の変更ではなく，憲法改正によって，集団的自衛権の行使を可能にすることを目指すべきだ。

　そのため，憲法改正ではなく，政府の憲法解釈の変更によって，集団的自衛権の行使を可能にすることを目指すのは問題だといえる。

　そして，以下のことをふまえると，政府の憲法解釈の変更によって，集団的自衛権の行使を可能にすることを目指す今回の動きの問題は，特に重大だといえる。

2 議論・意思表示と総選挙

(1) 国民の議論・意思表示

　先程述べたように，❷憲法・憲法改正に関する国民の議論を活発にすることは重要だ，また，❸憲法に対する意思表示の機会を国民が得ることは重要だ。

　だから，憲法改正ではなく，政府の憲法解釈の変更によって，集団的自衛権の行使を可能にすることを目指す場合であっても，可能な限り，憲法・憲法改正に関する（集団的自衛権に関する）国民の議論が行われるようにし，また，憲法に対する（集団的自衛権行使容認に対する）意思表示の機会を国民が得ることができるようにするべきだ。

では，政府の憲法解釈の変更によって集団的自衛権の行使を可能にすることを目指す場合，どのような方法で，集団的自衛権に関する国民の議論が行われるようにし，集団的自衛権行使容認に対する意思表示の機会を国民が得ることができるようにするべきだろうか。

(2) 政治参加の方法
　国民が政治的な意思表示をするというのは，国民が政治参加をするということだ。
　国民の政治参加の方法には，様々なものがある。例えば，投票（選挙での投票），選挙活動（投票依頼・政治献金・選挙運動の手伝い等），地域活動（市民運動への参加等），公務員・政治家との接触等を国民の政治参加の方法としてあげることができる[159]。

3 政治参加としての投票
(1) 3つの良い点
　そして，その中でも，政治参加としての投票（選挙での投票）には，3つの良い点がある。
　それは，容易性，影響力の平等性，議員・政党に対する影響力の大きさだ[160]。
　以下，その3つの良い点について具体的に述べる。

(2) 簡単にできる投票
　まず，容易性について。
　投票することは容易にすることができる。原則として，投票日に投票所に行って，投票用紙に記入するだけだ。
　しかも，投票日に投票所に行くことができなくても，期日前投票，不在者投票，在外投票という制度を利用すれば，投票することができる。特に，期日前投票の制度は，誰でも容易に利用することができる

ので，投票日に，仕事や旅行で投票することができないだろう人は，期日前投票をすれば良い。

そしてもちろん，投票するにあたって，投票所に入るために入場料がかかったり，1票投じるときに投票料がかかったりするということはない。

投票を選挙活動，地域活動，公務員・政治家との接触と比較すると，投票の容易性は納得しやすいだろう。

(3) 影響力が平等な投票

次に，影響力の平等性について。

1人1票だ。みんな1人1票。議員だけ100票もっているということはないし，政党に所属している人だけ10票もっているということもない。当然，内閣総理大臣も1票しかもっていない。みんな1人1票なのだ。

今，大人気のAKB48の総選挙のように，1人で何十票，何百票，何千票を投票することはできない。

だから，投票の影響力はみんな同じだ[161]。

(4) 影響力が大きな投票

そして，議員・政党に対する影響力の大きさについて。

ある人が議員になるか否かということは，選挙の結果，つまり，国民の投票の結果で決定される。

世論調査の結果，「ある議員は，議員辞職をするべきだ」という意見が大半を占めていても，その議員は議員のままだ。また，「ある議員は，議員辞職をするべきだ！」という大規模なデモがおこっても，大規模な暴動がおこっても，その議員は議員のままだ。

しかし，選挙で落選すれば，その人は議員でいることはできない。

そのことが，議員・政党に対する投票の影響力の大きさと密接に関

係する。

　まず，議員に対する投票の影響力の大きさについて述べる。

　先程述べたように，議員の目標としては，再選，昇進，政策の実現がある。

　議員の目標としてその3つがあるということは，納得しやすいだろう。

　議員が再選を目標にしているということは，選挙の際の活動，議員の地元での活動（お祭り等の地元のイベントへの参加や，冠婚葬祭への出席）等をふまえると，納得できるだろう。普段はいないのに，選挙が近づくと駅の前で挨拶を始める議員もいる。

　また，議員が昇進，すなわち，大臣に就任したり，所属政党の役職（例えば，代表・総裁や幹事長）に就任したりすることを目標にしているということは，政党の代表選挙の際にポストをちらつかせて投票を依頼したという報道をふまえると，納得できるだろう。

　そしてもちろん，議員が何らかの政策の実現を目標にしていることは，わかるだろう。例えば，小泉純一郎内閣総理大臣（当時）［衆議院議員（当時）］は，衆議院の解散（いわゆる郵政解散）をするほど郵政民営化の実現にこだわった。また，先程述べたように，2013年8月12日に，安倍晋三内閣総理大臣（衆議院議員）は「憲法改正に向けて頑張っていく。これが私の歴史的な使命だ」と発言し，憲法改正への強い意欲を示した。

　というように，議員の目標としては再選，昇進，政策の実現がある。ただ，再選しなければ，つまり，議員であり続けなければ，昇進も政策の実現も著しく困難になるのだから[162]，その3つの目標の中でも，再選は重要なものといえる。

　そして，先程述べたように，ある人が議員になるか否かということは国民の投票の結果で決定されるのだから，投票は，議員の目標の中でも重要な再選に関して直接的な影響を与えることができる。

ということは，投票は，議員の活動に大きな影響を与えることができるということだ。(一般的に) 議員は聖人君子ではないということをふまえると，そのことは納得しやすいだろう。

　しかも，投票が大きな影響を与えることができるのは，議員の活動に対してのみではない。政党の活動に対しても大きな影響を与えることができる。

　そこで，次に，政党に対する投票の影響力の大きさについて述べる。

　政党とは，政治上の主義・主張の実現を目的とする団体だ。

　現実問題として，政党が実効的に政治上の主義・主張の実現をしようとすれば，国会で議席を獲得することが重要だ，そして，そのためには票を獲得したほうが良く，それがそのようなことを目的とする政党の利益となる[163]。

　つまり，獲得議席の増加，獲得票数の増加が政党の利益だ。なお，「国会で議席を獲得することが重要だ，そして，そのためには票を獲得したほうが良く」と述べたことからわかるように，獲得議席の増加が主たる利益で，獲得票数の増加は獲得議席の増加のための従たる利益だ[164]。

　そして，先程述べたように，ある人が議員になるか否かということは国民の投票の結果で決定されるのだから，投票は獲得議席の増加，獲得票数の増加という政党の利益に直接的な影響を与えることができる。ということは，投票は，政党の活動に大きな影響を与えることができるということだ。

　また，他の観点からも，投票が，政党の活動に大きな影響を与えることができるといえる。政党の執行部は議員だ。政党の執行部とは，例えば，自由民主党の場合，総裁・党三役（幹事長，総務会長，政務調査会長）などのことで，民主党の場合，代表・幹事長・幹事長代行・政策調査会長などのことだ。そして，先程述べたように，投票は，議員の活動に大きな影響を与えることができる。ということは，投票

は，政党の執行部である議員の活動に大きな影響を与え，その議員の活動を通して政党の活動に大きな影響を与えることができるということだ。

さらに，他の観点からも，投票は，政党の活動に大きな影響を与えることができるといえる。政党の執行部，特に，代表・総裁・幹事長は，政党が選挙で敗北すれば，責任をとる，あるいは，責任をとらされる場合が多く，そのような場合，政党の執行部の議員は政党の執行部ではなくなってしまう。つまり，そのような場合，政党の執行部の議員の昇進という目標の達成が害されることになる。そして，先程述べたように，ある人が議員になるか否かということは国民の投票の結果で決定されるのだから，国民は投票によって政党を選挙で敗北させることができる。そのため，投票は，政党の執行部の議員の目標のうちの昇進に関して，大きな影響を与えることができる。ということは，投票は，政党の執行部の議員の活動に大きな影響を与え，その議員の活動を通して政党の活動に大きな影響を与えることができるということだ。

以上のように，投票は政党の活動に大きな影響を与えることができるといえる。

4 国民投票と総選挙
(1) 国民投票と総選挙の類似点

というように，政治参加としての投票には，容易性，影響力の平等性，議員・政党に対する影響力の大きさという3つの良い点がある。

そして，そのことが，「政府の憲法解釈の変更によって集団的自衛権の行使を可能にすることを目指す場合，どのような方法で，集団的自衛権に関する国民の議論が行われるようにし，集団的自衛権行使容認に対する意思表示の機会を国民が得ることができるようにするべきだろうか」ということと密接に関係する。

先程から述べているように，集団的自衛権の行使を可能にすることが必要と考えるのであれば，政府の憲法解釈の変更ではなく，憲法改正によって，集団的自衛権の行使を可能にすることを目指すべきだ。そして，憲法改正という方法を採用すると，憲法改正をするためには国民投票を経なければならないということを理由に，憲法・憲法改正に関する国民の議論を活発にすることができ，憲法に対する意思表示の機会を国民は得ることができる。

　そして，❷憲法・憲法改正に関する国民の議論を活発にすることは重要，❸憲法に対する意思表示の機会を国民が得ることは重要ということをふまえると，政府の憲法解釈の変更によって集団的自衛権の行使を可能にすることを目指す場合であっても，可能な限り，集団的自衛権に関する国民の議論が行われるようにし，また，集団的自衛権行使容認に対する意思表示の機会を国民が得ることができるようにするべきだ。

　ということをふまえると，政府の憲法解釈の変更によって集団的自衛権の行使を可能にすることを目指す場合に，集団的自衛権に関する国民の議論が行われるようにし，また，集団的自衛権行使容認に対する意思表示の機会を国民が得ることができるようにするための方法としては，憲法改正のための国民投票に類似したものが望ましいということになる。

　なぜなら，その方法は，国民投票の代替手段だからだ。

　そして，まず，国民投票において，その投票権をもつ者は，容易に投票することができる。だから，国民投票の代替手段も，容易にすることができるものが望ましい。先程述べたように，政治参加としての投票（選挙での投票）には，容易性という良い点がある。なお，国民投票においても，期日前投票，不在者投票，在外投票という制度がある。

　次に，国民投票では，1人1票だ。だから，国民投票では，投票の

影響力はみんな同じだ。そのため，国民投票の代替手段も，影響力が平等なものが望ましい。先程述べたように，政治参加としての投票（選挙での投票）には，影響力の平等性という良い点がある。ただ，選挙における一票の格差のことをふまえると，国民投票の方が投票（選挙での投票）よりも，影響力の平等性が保たれているといえる。

また，国民投票で承認されなければ，憲法改正はされない。そのため，憲法・憲法改正に対する国民投票の影響力は極めて大きく，その影響力は決定的なものだ。だから，国民投票の代替手段も，憲法・憲法改正に対して影響力が大きいものが望ましい。先程述べたように，政治参加としての投票（選挙での投票）には，議員・政党に対する影響力の大きさという良い点がある。議員・政党に対する投票（選挙での投票）の影響力が大きいということは，憲法・憲法改正に対する投票（選挙での投票）の影響力が大きいということだ。もちろん，憲法・憲法改正に対する投票（選挙での投票）の影響力が大きいとはいっても，憲法・憲法改正に対する国民投票の影響力が直接的・決定的なものなのに対し，憲法・憲法改正に対する投票（選挙での投票）の影響力は間接的なものに過ぎない。

以上のことをふまえると，投票（選挙での投票）は，国民投票と類似しているといえる。

先程，投票（選挙での投票）以外に，選挙活動，地域活動，公務員・政治家との接触を国民の政治参加の方法としてあげたが，以上のことをふまえると，投票（選挙での投票）が，国民投票と最も類似しているということはわかるだろう。

そうすると，政府の憲法解釈の変更によって集団的自衛権の行使を可能にすることを目指す場合，集団的自衛権行使容認に対する意思表示の機会は，選挙で国民が得られるようにするべきということになる。

ただ，その「選挙」は，どのような選挙でも良いということではない。地方の権限で集団的自衛権行使容認はできないし，また，地方選

挙（地方首長選挙・地方議会議員選挙）で投票できる人は限られているので[165]，地方選挙は国民投票の代替手段としては不適切だ。そこで，国政選挙，しかも，総選挙（衆議院議員総選挙・参議院議員通常選挙）で[166]，集団的自衛権行使容認に対する意思表示の機会を国民が得られるようにするべきだ。

具体的にいうと，政府の憲法解釈の変更によって集団的自衛権の行使を可能にすることを目指す場合は，政府の憲法解釈の変更によって集団的自衛権の行使を可能にすることを，総選挙の争点にするべきだ。

もちろん，それを総選挙の争点にしても，総選挙の際に行われる国民の意思表示は，それだけに基づくものではない。

選挙において，国民は政党・候補者に投票し，特定の政策・理念についての賛否を示すわけではない。国民は，様々な要素に基づいて，政党・候補者を選択し，投票する。だから，それが総選挙の争点にされても，国民は，経済政策に対する賛否を基準に投票するかもしれないし[167]，政党の党首への好感に基づいて投票するかもしれないし[168]，候補者のルックスが良いことを理由に投票するかもしれないし[169]，それ以外のことを理由に投票するかもしれない[170]。

しかも，政策（争点）を基準とする投票行動，すなわち，争点投票が生じるためには，①国民がその争点を重視し，かつ，自分の立場が明確であること，②各政党・各候補者の政策上の立場が明確に異なり，かつ，それぞれの立場を国民が認識していることが必要だ[171]。だから，それを争点にしたからといって，必ずしも，それを基準に国民が投票するわけではない。

しかし，それでも，❸憲法に対する意思表示の機会を国民が得ることは重要ということをふまえると，政府の憲法解釈の変更によって集団的自衛権の行使を可能にすることを目指す場合は，政府の憲法解釈の変更によって集団的自衛権の行使を可能にすることを，総選挙の争点にするべきだ。なぜなら，憲法に対する意思表示の機会を国民が得

られるようにするべきだし，また，先程述べた争点投票の要件をふまえると，それを明確に選挙の争点にした場合の方が，そうしない場合よりも，それに対する意思表示の機会にその選挙がなりやすいからだ。

そして，もちろん，それを総選挙の争点にすることにより，それに関して国民の議論が行われることになる。そのことは，過去の総選挙を思い起こせば，納得できるだろう。だから，❷憲法・憲法改正に関する国民の議論を活発にすることは重要ということをふまえると，やはり，政府の憲法解釈の変更によって集団的自衛権の行使を可能にすることを目指す場合は，政府の憲法解釈の変更によって集団的自衛権の行使を可能にすることを，総選挙の争点にするべきだ。

以上のように，❷憲法・憲法改正に関する国民の議論を活発にすることは重要，❸憲法に対する意思表示の機会を国民が得ることは重要ということをふまえると，政府の憲法解釈の変更によって集団的自衛権の行使を可能にすることを目指す場合は，政府の憲法解釈の変更によって集団的自衛権の行使を可能にすることを，総選挙の争点にするべきだ。

(2) 国民投票と総選挙の相違点

なお，もちろん，以上で述べたことは，政府の憲法解釈の変更によって集団的自衛権の行使を可能にすることを総選挙の争点にすれば，そして，さらにその総選挙で勝利すれば，政府の憲法解釈の変更によって集団的自衛権の行使を可能にすることを目指すのは問題ではない，ということではない。

その理由は，以下のとおりだ。

まず，投票（選挙での投票）は，国民投票の代替手段として十分なものではない。投票の影響力の平等性や憲法・憲法改正に対する影響力の大きさで，投票（選挙での投票）は国民投票に劣っている。

また，国民は様々な要素に基づいて政党・候補者を選択し投票する

ので，政府の憲法解釈の変更によって集団的自衛権の行使を可能にすることを総選挙の争点にしても，国民はそれだけに基づいて投票するわけではない。そのため，それを総選挙の争点にしても，選挙で示されるそれに対する国民の意思は明確ではない[172]。国民投票の際に，国民は，憲法改正案に賛成するとき，投票用紙の「賛成」の文字を○の記号で囲み，憲法改正案に反対するとき，投票用紙の「反対」の文字を○の記号で囲むということをふまえると[173]，選挙の際の国民の意思表示と国民投票の際の国民の意思表示の違いがよくわかるだろう。

しかも，国民投票の際に行われる憲法・憲法改正に関する国民の議論と，総選挙の際に行われる憲法・憲法改正に関する国民の議論を比較すると，前者の方が後者よりも，充実したものになると考えられる。理由は2つある。1つ目の理由は，国民投票の際に行われる憲法・憲法改正に関する国民の議論は，国民投票にかけられる憲法改正案に集中して行われるのに対し，総選挙の際に行われる憲法・憲法改正に関する国民の議論は，様々な争点に関する議論（憲法改正・経済政策・雇用政策・社会保障政策等に関する議論）のうちの1つとして行われるに過ぎない，ということだ（もちろん，国民投票と総選挙が同じ日に行われる場合は，後者と同様だ）。2つ目の理由は，国民投票の際に行われる憲法・憲法改正に関する国民の議論と，総選挙の際に行われる憲法・憲法改正に関する国民の議論を比較すると，前者の方が後者よりも議論することができる時間が長い，ということだ。国民投票は，国会が憲法改正を発議した日から起算して60日以後180日以内の国会が議決した期日に行われるので，国民が議論することができる時間はその程度の期間ある[174]。それに対し，総選挙の際に，政権公約（マニフェスト）が60日前，まして，180日前に示されることはないので，国民が議論することができる時間は短くなってしまう。

そして，そもそも，先程述べたように，便宜的・意図的な政府の憲法解釈変更の問題点，憲法96条改正論の目的，集団的自衛権行使容

認による国の形の変化の大きさをふまえると，集団的自衛権の行使を可能にすることが必要と考えるのであれば，政府の憲法解釈の変更ではなく，憲法改正によって，集団的自衛権の行使を可能にすることを目指すべきだ。

5 参議院議員通常選挙と集団的自衛権
(1) 政権公約（マニフェスト）と公職選挙法

というように，政府の憲法解釈の変更によって集団的自衛権の行使を可能にすることを目指す場合は，政府の憲法解釈の変更によって集団的自衛権の行使を可能にすることを，総選挙の争点にするべきだ。

そして，政府の憲法解釈の変更によって集団的自衛権の行使を可能にすることを総選挙の争点にするためには，政権公約にそれを明確に記載することが重要だ。

政権公約に関しては，公職選挙法142条の2に規定があり，同条1項は「前条第一項及び第四項の規定にかかわらず，衆議院議員の総選挙又は参議院議員の通常選挙においては，候補者届出政党若しくは衆議院名簿届出政党等又は参議院名簿届出政党等は，当該候補者届出政党若しくは衆議院名簿届出政党等又は参議院名簿届出政党等の本部において直接発行するパンフレット又は書籍で国政に関する重要政策及びこれを実現するための基本的な方策等を記載したもの又はこれらの要旨等を記載したものとして総務大臣に届け出たそれぞれ一種類のパンフレット又は書籍を，選挙運動のために頒布（散布を除く。）することができる」とする。

政府の憲法解釈の変更によって集団的自衛権の行使を可能にすることは，まさに，「国政に関する重要政策及びこれを実現するための基本的な方策」（公職選挙法142条の2第1項）だ（集団的自衛権の行使を可能にすることが「国政に関する重要政策」，政府の憲法解釈の変更が「実現するための基本的な方策」）。

(2) 政権公約と集団的自衛権

　そして，安倍晋三内閣・自由民主党は，政府の憲法解釈の変更によって，集団的自衛権の行使を可能にすることを目指しているわけだが，直近の総選挙，すなわち，2013年の第23回参議院議員通常選挙の際，自由民主党の政権公約は，集団的自衛権に関してどのようになっていたのだろうか。自由民主党の政権公約に，政府の憲法解釈の変更によって集団的自衛権の行使を可能にすることは書かれていたのだろうか。

　2013年の第23回参議院議員通常選挙の際の自由民主党の政権公約は，自由民主党『参議院選挙公約2013』だ[175]。『参議院選挙公約2013』は，自由民主党のHPの「公約関連」に掲載されている[176]。

　『参議院選挙公約2013』には，政府の憲法解釈の変更によって集団的自衛権の行使を可能にすることは，明記されていない。

　それどころか，「集団的自衛権」という言葉自体が，『参議院選挙公約2013』にはない[177]。

　自由民主党が，第23回参議院議員通常選挙後に，突然，政府の憲法解釈の変更によって，集団的自衛権の行使を可能にすることを目指しだしたのであれば，それもやむを得ないが，そうではない。

　先程述べたように，自由民主党総裁でもある安倍晋三内閣総理大臣の下で，安全保障の法的基盤の再構築に関する懇談会が議論を再開させたのは，第23回参議院議員通常選挙前の2013年2月だ。また，2013年2月27日，第183回国会参議院予算委員会で，自由民主党総裁でもある安倍晋三内閣総理大臣は「今回，首脳会談において，強い日本は強い米国につながっていく，そして強いアメリカは強い日本につながっていくんだというお話をさせていただいたところでございまして，その中で，日本も日本としての責任を果たしていく，日本が責任を果たしていくことによって言わばアジア太平洋地域はより平和で安定的な地域になっていくというお話をしたのであります。その文脈

の中で，日本は自助努力として防衛費を増強した，そして，日米同盟関係がもっと機能を発揮できるようにするためにも，集団的自衛権の行使，解釈の見直しの検討をしていくことを私は必要だと思っていると，そのことによって地域はより安定し，平和を守っていくことにつながっていくという話をしたのでありますが，これは米国に対して約束をすることではなくて，まさに日本として，そしてまた，私は日本の総理大臣として何を考えているかということについて説明をしたということでございます」と答弁した[178]。

というように，自由民主党は，第 23 回参議院議員通常選挙後に，突然，政府の憲法解釈の変更によって，集団的自衛権の行使を可能にすることを目指しだしたのではない。

そして，先程述べたように，第 23 回参議院議員通常選挙後すぐに，政府の憲法解釈の変更によって集団的自衛権の行使を可能にするための動きを安倍晋三内閣は見せた。内閣法制局長官人事に関する動きが，その動きだ。

以上のことをふまえると，『参議院選挙公約 2013』に，政府の憲法解釈の変更によって集団的自衛権の行使を可能にすることが明記されていないこと，しかも，「集団的自衛権」という言葉すら記載されていないことは，不適切だといえる。

簡単にいうと，「政府の憲法解釈の変更によって集団的自衛権の行使を可能にする気持ちでいっぱいなら，政権公約に，そのことを明確に記載しておくべきだ」ということだ。

(3) 政策集と集団的自衛権

ただ，自由民主党の 2013 年の政策集のどこにも「集団的自衛権」という言葉がないわけではない。

自由民主党の 2013 年の政策集には，『参議院選挙公約 2013』以外にも，『J- ファイル 2013 総合政策集』[179] がある。

ここで,『参議院選挙公約 2013』と『J-ファイル 2013 総合政策集』について説明する。

　『参議院選挙公約 2013』の表紙には「第 23 参 自由民主党届出パンフレット」という記載があり,『J-ファイル 2013 総合政策集』の表紙には「このパンフレットは, 政党の自由な政治活動であって, 選挙期間中でも自由に配布できます」という記載がある。

　それらの記載をふまえるとわかるように,『参議院選挙公約 2013』は 2013 年の第 23 回参議院議員通常選挙の政権公約で,『J-ファイル 2013 総合政策集』は政治活動用の政策集だ。簡単にいうと,『参議院選挙公約 2013』は選挙運動用の 2013 年の政策集,『J-ファイル 2013 総合政策集』は選挙運動用ではない政治活動用の 2013 年の政策集だ。

　先程述べたように,『参議院選挙公約 2013』は自由民主党の HP の「公約関連」に掲載されている。それに対し,『J-ファイル 2013 総合政策集』は自由民主党の HP の「公約関連」には掲載されておらず,「政策パンフレット」に掲載されている[180]。そのことからも, 両者の性格の違いがわかるだろう。なお, 公約と J-ファイルに関して, 2013 年 2 月 28 日, 第 183 回国会衆議院予算委員会で, 安倍晋三内閣総理大臣は「自由民主党として国民に対してお約束をしたのは, 聖域なき関税撤廃を前提条件とする以上, 交渉参加には反対する, これがまさに公約であります。そして, それプラス J-ファイル。J-ファイルは, 正確に言いますとこれは公約ではなくて, そこにさまざまな目指すべき政策が書いてあります」と答弁した[181]。

　そして, 自由民主党の HP には「政策トピックス 参議院選挙公約 2013 発表 平成 25 年 6 月 20 日 自由民主党」[182]「政策トピックス J-ファイル 2013 総合政策集 平成 25 年 6 月 20 日 自由民主党」[183] という記載がある。つまり,『参議院選挙公約 2013』『J-ファイル 2013 総合政策集』は, 同時期にだされた自由民主党の 2013 年の政策集ということだ。

要するに，自由民主党の 2013 年の政策集には，同時期にだされた，選挙運動用の政策集『参議院選挙公約 2013』と，選挙運動用ではない政治活動用の政策集『J-ファイル 2013 総合政策集』がある。
　そして，自由民主党『J-ファイル 2013 総合政策集』には「集団的自衛権」という言葉があり，具体的には，「『国家安全保障基本法』の制定」という表題の下に「政府において，わが国の安全を守る必要最小限度の自衛権行使（集団的自衛権を含む）を明確化し，その上で『国家安全保障基本法』を制定します。また，その法律において，内政上の施策に関する安全保障上の必要な配慮など国・地方公共団体・国民の責務をはじめ，自衛隊の保有と文民統制，国際社会の平和と安定のための施策，防衛産業の保持育成と武器輸出などを規定して，安全保障政策を総合的に推進します」と書かれており，「政府において，わが国の安全を守る必要最小限度の自衛権行使（集団的自衛権を含む）を明確化し」とする[184]（なお，同様の記載は，自由民主党『J-ファイル 2012 総合政策集』にもある[185]）。
　自由民主党『J-ファイル 2013 総合政策集』の「政府において，わが国の安全を守る必要最小限度の自衛権行使（集団的自衛権を含む）を明確化し」という記載は，政府の憲法解釈の変更によって，集団的自衛権の行使を可能にすることを示唆したものといえる[186]。

(4) 2種類の政策集

　つまり，自由民主党の 2013 年の政策集には，「集団的自衛権」という言葉を明記し，政府の憲法解釈の変更によって集団的自衛権の行使を可能にすることを示唆したものと，そうではないものがあったということだ。
　「集団的自衛権」という言葉を明記し，政府の憲法解釈の変更によって集団的自衛権の行使を可能にすることを示唆したものが，選挙運動用ではない政治活動用の政策集『J-ファイル 2013 総合政策

集』で，そうではないものが，選挙運動用の政策集『参議院選挙公約2013』だ。『参議院選挙公約2013』には，「集団的自衛権」という言葉すら記載されていない。

そのようなことでは，「政府の憲法解釈の変更によって集団的自衛権の行使を可能にすることを目指しているのを，選挙の際に隠したのか？」と思われてしまう可能性もある。『参議院選挙公約2013』と『J-ファイル2013 総合政策集』が同時期にだされた政策集だということをふまえると，尚更だ。

❷憲法・憲法改正に関する国民の議論を活発にすることは重要，❸憲法に対する意思表示の機会を国民が得ることは重要，と考えている場合，そのようなことをするだろうか。

(5) 国家安全保障基本法と集団的自衛権

ただ，以上のことに関して，『参議院選挙公約2013』には「『国家安全保障会議』の設置，『国家安全保障基本法』『国際平和協力一般法』の制定など，日本の平和と地域の安定を守る法整備を進めるとともに，統合的な運用と防衛力整備を主とした防衛省改革を実行します」[187]という記載があるので問題はない，という反論があるかもしれない。

その記載の中に書かれている「国家安全保障基本法」は，集団的自衛権行使の手続を定めるものだ[188]（もちろん，『参議院選挙公約2013』だけを見ても，そんなことはわからないわけだが）。だから，国家安全保障基本法の整備を進めるということは，その前提として，集団的自衛権の行使を可能にすることがあると考えることはできる（もちろん，考えることができるというだけで，わかりやすい記載だとは思わないが）。

しかし，その記載だけでは，憲法改正によって，集団的自衛権の行使を可能にすることを目指すのか，それとも，政府の憲法解釈の変更

によって，集団的自衛権の行使を可能にすることを目指すのかまでは，わからない。

だから，その反論は不適切だ。

(6) 法律の誠実な執行と憲法に違反する法律

ところで，国家安全保障基本法に関して，ある問題が指摘されている。

そこで，ここで，その問題について簡単に述べる。

内閣の職務には，「法律を誠実に執行し，国務を総理すること」がある[189]。

そして，「法律を誠実に執行し」に関してだが，内閣が違憲と判断する法律であっても，国権の最高機関である国会が合憲と判断して成立させた以上，内閣はその法律を誠実に執行しなければならない[190]。

そのため，政府の憲法解釈が「憲法上集団的自衛権の行使をすることはできない」となっていても，そのときに，集団的自衛権行使に関して規定する国家安全保障基本法が成立すると，内閣は同法を誠実に執行しなければならなくなる。

6 国民の理解と政府・政党のアシスト

以上のことをふまえると，政府の憲法解釈の変更によって，集団的自衛権の行使を可能にすることを目指す今回の動きの問題は，特に重大だといえる。

ところで，政府の憲法解釈の変更によって集団的自衛権の行使を可能にすることに関して，2013年8月29日，自由民主党の石破茂幹事長は，テレビ朝日の番組で，「国民が分からないままにやろうとするとかえってできなくなる」と発言した[191]。

国民がわかっているのならまだしも，国民がわかっていないのであれば，政府の憲法解釈の変更によって集団的自衛権の行使を可能にす

ることを政権公約に明確に記載する必要性は高いといえる。

　政府の憲法解釈の変更によって集団的自衛権の行使を可能にすることを国民がわかっていれば，選挙の際に，国民は自ら議論をし，意思表示をするかもしれない。

　しかし，それを国民がわかっていなければ，選挙の際に，国民が自ら議論をし，意思表示をするとは思えない。だから，国民がそうするように，政府・政党がアシストする必要がある，すなわち，政府の憲法解釈の変更によって集団的自衛権の行使を可能にすることを政権公約に明確に記載する必要がある。

IX 憲法改正論議に関する一貫性

1 批判の一貫性
(1) 集団的自衛権行使容認と批判

　以上のように，便宜的・意図的な政府の憲法解釈変更の問題点，憲法96条改正論の目的，集団的自衛権行使容認による国の形の変化の大きさをふまえると，集団的自衛権の行使を可能にすることが必要と考えるのであれば，政府の憲法解釈の変更ではなく，憲法改正によって，集団的自衛権の行使を可能にすることを目指すべきだ。

　そのことに関する「安倍政権は憲法の解釈変更で集団的自衛権の行使容認を目指しています。どう思いますか」という質問に対して，丹羽宇一郎前中国大使は「日本が戦後，基本にしてきた憲法の平和主義に関わる問題です。解釈を変えて集団的自衛権を行使しようとするのは，スポーツ選手が自分の都合でルールを変えるようなもの。そんな姑息（こそく）な手段を考えないで，正々堂々と国民に憲法改正を問うべきだ」と発言している[192]。

(2) 憲法96条先行改正論と批判

　また，憲法96条改正論に関しては，他の憲法改正に先駆けて，まず憲法96条改正論に基づく憲法改正をしようという憲法96条先行改正論がある。

　憲法96条先行改正論に関しては，2013年1月30日，第183回国会衆議院本会議で，安倍晋三内閣総理大臣が「憲法の改正については，党派ごとに異なる意見があるため，まずは，多くの党派が主張してお

ります憲法第九十六条の改正に取り組んでまいります」と答弁している[193]。

その憲法96条先行改正論に対しては、慶應大学教授の小林節氏によって、「改憲への『裏口入学』で、邪道」という批判がされている（なお、小林節氏は、憲法9条改正を訴える改憲論者ということだ）[194]。

裏口入学を平気でやってしまう人もいるかもしれないが、一般的には、裏口入学は、姑息、卑怯というイメージだろう。

そして、憲法96条先行改正論に対する「姑息」「卑怯」という批判は、ネット上にも、多数ある。

また、日本経済新聞社説は「入り口が96条で出口が9条なら、もっと堂々と改憲論議を挑むべきだろう」とする[195]。

(3) 新押し付け憲法論

つまり、政府の憲法解釈の変更による集団的自衛権行使容認を目指すことに対しても、憲法96条先行改正論に対しても、同じような批判・指摘がされているということだ。

「姑息なことはするな。正々堂々としろ」。

憲法改正・政府の憲法解釈の変更に関して、そのような批判・指摘がされることを繰り返していると、そのうち、「また姑息な手段ですか……」というような酷いことを誰かにいわれてしまうかもしれない。世の中には、酷いことをいう人もいる。

しかも、そのような批判・指摘がされている憲法改正をしてしまったり、政府の憲法解釈変更をしてしまったりすると、「憲法が汚された」「姑息・卑怯な手段で、政府に憲法を押し付けられた」と思う人が出てしまうかもしれない。

憲法に関しては、日本が総司令部（GHQ）に憲法を押し付けられたという「押し付け憲法論」がある。

近い将来、国民が政府に憲法を押し付けられたという「新押し付け

憲法論」が唱えられないことを祈るばかりだ。

　集団的自衛権の行使を可能にすることや国防軍を保持することが自由民主党の目標ならば，正々堂々とそのための憲法改正原案を国会に提出するべきだ。自由民主党の保有議席数があれば，憲法改正原案を提出することは可能だ（先程述べたように，議員が憲法改正原案を発案する場合，衆議院においては議員100人以上，参議院においては議員50人以上の賛成が必要だ）。

　そのような憲法改正原案を提出しないということは，国防軍の保持・集団的自衛権行使容認に対する国会の審判を発議の段階で受けないということでもあるし，国民の審判を国民投票で受けないということでもある。また，先程述べたように，『参議院選挙公約2013』に「集団的自衛権」という言葉すら記載されていなかったことに関しては，「政府の憲法解釈の変更によって集団的自衛権の行使を可能にすることを目指しているのを，選挙の際に隠したのか？」と思われてしまう可能性がある。

　そのようなことでは，「なぜ，安倍晋三内閣・自由民主党は，集団的自衛権行使容認に対する国会の審判から必死に逃げ回っているの？」「なぜ，安倍晋三内閣・自由民主党は，集団的自衛権行使容認に対する国民の審判から必死に逃げ回っているの？」と誰かに思われてしまいかねない。

　もちろん，安倍晋三内閣・自由民主党には，そんなつもりはないはずだ。

　国会・国民の審判から必死に逃げ回っている弱い内閣・政党には，日本を強い国にすることはできない。そのため，日本を再び強い国にすることを目指している安倍晋三内閣・自由民主党が[196]，国会・国民の審判から必死に逃げ回ろうとしているはずがない。

　だから，正々堂々と国会・国民の審判を仰ぐべきだ。

　つまり，正々堂々と憲法改正原案を国会に提出するべきだ。

いつまでも憲法改正原案を提出せずに，時間を経過させた挙句，「我が国周辺の安全保障環境は日々厳しさを増している。それに対応するためには，集団的自衛権行使を可能にすることが必要だ。ただ，厳しい現状をふまえると，憲法改正をしている時間的余裕はない。政府の憲法解釈を変更します」といわれたら，国民はどう思うだろうか。
　「自分の責任で時間的余裕がなくなったのに……」「発議の段階での国会の審判や，承認の段階での国民の審判を受けたくないから，わざと憲法改正原案を提出せずに，長年だらだらとしていたの？」「速やかに発案して，強行採決をして，短期間で国民投票にかけるという道を選択したらよい。短期間で済む。時間的余裕がないことはない。そして，その結果，発議の段階や承認の段階で廃案になってしまったら，説得できなかった自己責任だし，それが，民主主義国家日本の選択・国民の選択だ。それが嫌なら，もっと早く憲法改正原案を提出して，じっくり議論して，説得するべきでしたね。まさか，『憲法改正をするにあたっては，じっくり議論をすることが必要だから，その道を選択することはできない』とはいいませんよね？それは，政府の憲法解釈変更による集団的自衛権行使容認を（解釈改憲[197]を）急いでいる人がいうことではないですからね」と思う人もいるかもしれない。
　なお，当然のことだが，政府の憲法解釈の変更によって集団的自衛権の行使を可能にすることに賛成している人もいるし，憲法96条先行改正論に賛成している人もいる。それらは批判されているだけではない。何事にも，賛否両論がある。
　だからこそ，❷憲法・憲法改正に関する国民の議論を活発にすることは重要，❸憲法に対する意思表示の機会を国民が得ることは重要なのだ。

2 ブレてる？　ブレてない？

　さて，❷❸がでてきたところで，憲法96条改正論に注目した話に

移りたい。

　憲法96条改正論の目的としては，①憲法改正を現実的なものにすること，②社会の動きに憲法を適合させやすくすること，③憲法・憲法改正に関する国民の議論を活発にすること，④憲法に対する意思表示の機会を国民が得やすくすることをあげることができる。

　目的③④に注目していうと，③憲法・憲法改正に関する国民の議論を活発にすること，④憲法に対する意思表示の機会を国民が得やすくすることを目的に，憲法96条改正論が主張され，憲法96条改正論に基づく憲法改正が目指されている。

　そして，先程述べたように，目的③は，2013年3月11日，第183回国会衆議院予算委員会，安倍晋三内閣総理大臣答弁に表れており，また，目的④は，2013年3月12日，第183回国会衆議院予算委員会，安倍晋三内閣総理大臣答弁に表れている。

　ただ，国民に発案権を認めた場合の方が，国民に発案権を認めていない場合よりも，③憲法・憲法改正に関する国民の議論を活発にすることができると考えられ，しかも，国民に発案権を認めることによって，④憲法に対する意思表示の機会を国民が得やすくすることができると考えられる。それにもかかわらず，安倍晋三内閣総理大臣・自由民主党総裁（当時）の積極的な関与によって成立した日本国憲法の改正手続に関する法律は，国民に発案権を認めなかった。しかも，未だに，国民に発案権は認められていない。

　そのうえ，衆議院議員・参議院議員の発案権は，自由民主党「日本国憲法改正草案」に明記されているが，国民の発案権は，自由民主党「日本国憲法改正草案」に明記されていない，国民の発案権も明記できるにもかかわらず。その結果，自由民主党「日本国憲法改正草案」100条1項は，国民に発案権を法律で認める道を閉ざすことができるものといえる。その道が閉ざされてしまうと，目的③に関しては，憲法・憲法改正に関する国民の議論を活発にすることが困難になり，ま

た，目的④に関しては，憲法に対する意思表示の機会を国民が得やすくすることが困難になってしまう。そして，自由民主党「日本国憲法改正草案」が掲載されている自由民主党「日本国憲法改正草案（現行憲法対照）」に書かれていることは，「憲法改正推進本部 最高顧問 安倍晋三」。

また，現在の憲法改正手続のままにするよりも，あるいは，憲法96条改正論に基づく憲法改正手続を導入するよりも，憲法改正手続として直接イニシアティブを導入した方が，③憲法・憲法改正に関する国民の議論を活発にすること，④憲法に対する意思表示の機会を国民が得やすくすることを実現できると考えられる。それにもかかわらず，憲法96条改正論ばかり主張され，憲法改正手続として直接イニシアティブを導入することは主張されない。

また，集団的自衛権の行使を可能にするための方法として，憲法改正・政府の憲法解釈の変更を考えることができる。そして，憲法改正と政府の憲法解釈の変更を比較すると，憲法改正は，政府の憲法解釈の変更よりも，憲法・憲法改正に関する国民の議論を活発にすることにつながると考えられ，しかも，憲法に対する意思表示の機会を国民が得ることにつながると考えられる。つまり，憲法改正は，政府の憲法解釈の変更よりも，目的③④を達成しやすいと考えられる。それにもかかわらず，今，安倍晋三内閣・自由民主党は，政府の憲法解釈の変更によって，集団的自衛権の行使を可能にすることを目指している。

そして，❷憲法・憲法改正に関する国民の議論を活発にすることは重要だ，また，❸憲法に対する意思表示の機会を国民が得ることは重要だ。だから，憲法改正ではなく，政府の憲法解釈の変更によって，集団的自衛権の行使を可能にすることを目指す場合であっても，可能な限り，憲法・憲法改正に関する（集団的自衛権に関する）国民の議論が行われるようにし，また，憲法に対する（集団的自衛権行使容認に対する）意思表示の機会を国民が得ることができるようにするべき

だ。具体的にいうと，憲法改正ではなく，政府の憲法解釈の変更によって，集団的自衛権の行使を可能にすることを目指す場合は，政府の憲法解釈の変更によって集団的自衛権の行使を可能にすることを，総選挙の争点にするべきだ。そして，政府の憲法解釈の変更によって集団的自衛権の行使を可能にすることを総選挙の争点にするためには，政権公約にそれを明確に記載することが重要だ。そうすることによって，③憲法・憲法改正に関する（集団的自衛権に関する）国民の議論を活発にすること，④憲法に対する（集団的自衛権行使容認に対する）意思表示の機会を国民が得やすくすることが実現しやすくなる。それにもかかわらず，自由民主党の選挙運動用の政策集『参議院選挙公約 2013』には「集団的自衛権」という言葉すら記載されていない。しかも，『参議院選挙公約 2013』と同時期にだされた選挙運動用ではない政治活動用の政策集『J-ファイル 2013 総合政策集』が，「集団的自衛権」という言葉を明記し，政府の憲法解釈の変更によって集団的自衛権の行使を可能にすることを示唆しているにもかかわらず，『参議院選挙公約 2013』には「集団的自衛権」という言葉すら記載されていない。

　以上のことをふまえると，国民はどう思うだろうか。

　「安倍晋三内閣・自由民主党は，憲法 96 条改正論の目的として，③憲法・憲法改正に関する国民の議論を活発にすること，④憲法に対する意思表示の機会を国民が得やすくすることを主張しているが，目的③④を達成するためのその他の手段の採用には消極的なようだ。消極的などころか，その目的に反するようなことまでしている。『参議院選挙公約 2013』に『集団的自衛権』という言葉すら記載しなかったことからは，集団的自衛権に関して国民に議論してほしくなかった，政府の憲法解釈変更による集団的自衛権行使容認に対する意思表示を国民にしてほしくなかったとすら思える。本当に，③④を目的として憲法 96 条改正論を主張しているのだろうか。目的③④が真の目的で

はない場合，残る目的は，①憲法改正を現実的なものにすること，②社会の動きに憲法を適合させやすくすることだ。『社会の動きに適合した憲法が，どのような憲法か』ということは人によって考え方が違うということをふまえると，結局，自由民主党は，自らの望む憲法・憲法改正を実現しやすくすることを目的に，憲法96条改正論を主張しているのかな。そうすると，憲法96条改正論の目的として③④をあげたのは，国民のために憲法96条改正論を主張していると国民に思わせ，国民からの支持を得る目的かな。憲法改正を含め重要な政策を実行するためには国民からの支持が大切だし，また，憲法96条改正論に基づく憲法改正をするためには国民投票で承認されなければならないから，国民から支持される必要があるもんね。そのように考えると，安倍晋三内閣・自由民主党が，目的③④を達成するためのその他の手段の採用に消極的なこと，消極的などころか，その目的に反するようなことまでしていることも説明できる。要するに，①②を目的として，憲法96条改正論に基づく憲法改正をすると，結果として，効果①②③④が生じる，その効果③④を憲法96条改正論の目的だと主張することによって，国民のために憲法96条改正論を主張していると国民に思わせ，国民から支持を得て，憲法96条改正論に基づく憲法改正を実現し，目的①②（自らの望む憲法・憲法改正を実現しやすくするという目的）を達成する戦略かな」と思う人もいるかもしれない。

　もちろん，「安倍晋三内閣・自由民主党は，目的①②③④を達成するために，ブレることなく，一生懸命がんばっている。そこに疑いを差し挟む余地はない！」と思う人もいるかもしれない。

　考え方は様々だ。

　あなたはどう思いますか。

X おわりに

　本書では，憲法改正・政府の憲法解釈の変更によって集団的自衛権の行使を可能にすることと憲法96条改正をリンクさせて論じてきた。
　だから，本書のおわりも，両者をリンクさせたうえで迎えたい。
　従来，集団的自衛権行使の容認は，政府の憲法解釈の変更によってするのは困難なので，憲法改正によってしなければならない[198]とされてきた。その考え方によると，集団的自衛権の行使を可能にするにあたっては，国民は国民投票の機会を得ることができる。
　ただ，安倍晋三内閣・自由民主党は，政府の憲法解釈の変更によって，集団的自衛権行使の容認をしようとしている。政府の憲法解釈の変更によってそれをする場合，政府の憲法解釈の変更は政府によって行われるので，国民は国民投票の機会を得ることができない。
　国民投票の機会が，安倍晋三内閣・自由民主党によって，政府の中に閉じ込められようとしているのだ。
　2013年4月9日，第183回国会衆議院予算委員会で，安倍晋三内閣総理大臣は，憲法96条改正論に関して，「国民投票をする機会を国会の中で閉じ込めてしまってはいけないというのが我々自由民主党の考え方でありまして，まさに憲法を国民の手に取り戻すという意味において，憲法九十六条を改正して，三分の二から二分の一にする」と答弁している。
　国民投票の機会を国会の中に閉じ込めてしまってはならないと考えているにもかかわらず，国民投票の機会を政府の中に閉じ込めてしまってもよいと考えているのだろうか。

国民投票の機会がどこかに閉じ込められるのであれば，政府の中に閉じ込められるよりも，強い民主的基盤を背景に国権の「最高機関」とされる国会の中に閉じ込められる方が，まだマシだといえる。
　だから，国民投票の機会を国会の中に閉じ込めてしまってはならないが，国民投票の機会を政府の中に閉じ込めてしまってもよいというのは，おかしい。
　そして，その答弁では，国民投票の機会を国会の中に閉じ込めないようにすることを指して，「憲法を国民の手に取り戻す」という表現が使われている。
　そのことをふまえると，国民投票の機会を政府の中に閉じ込める行為，すなわち，政府の憲法解釈の変更による集団的自衛権行使の容認は，「憲法を国民の手から剥奪する」ものといえる。
　憲法を国民の手から剥奪するようなことをしてはならない。
　そんなことをしてしまえば，憲法を国民の手に取り戻すといって憲法 96 条改正論を主張しても，説得力はなく，国民の賛同は得られないだろう。
　今後，憲法改正・政府の憲法解釈の変更に関する様々な動きが出てくることが予想される。
　主権者であり，国民投票の投票権者である国民は，多くのことを真剣に考え，議論し，主張しなければならない。
　憲法をどうするか，国の形をどうするか，決めるのは国民，わたしたちだ。

注

1 憲法の自主的改正に関して，自由民主党「党の使命」(1955年) は「わが党は右の理念と立場に立って，国民大衆と相携え，第一，国民道義の確立と教育の改革　第二，政官界の刷新　第三，経済自立の達成　第四，福祉社会の建設　第五，平和外交の積極的展開　第六，現行憲法の自主的改正を始めとする独立体制の整備を強力に実行し，もって，国民の負託に応えんとするものである」とする。
2 渋谷秀樹＝赤坂正浩『憲法2 統治』(有斐閣，第5版，2013年) 386頁。
3 「憲法改正は『歴史的使命』＝安倍首相，地元会合で表明」時事ドットコム <http://www.jiji.com/jc/c?g=pol&k=2013081200790>。
4 小泉純一郎内閣総理大臣「衆議院議員伊藤英成君提出内閣法制局の権限と自衛権についての解釈に関する質問に対する答弁書」(2003年7月15日)。
5 小泉純一郎内閣総理大臣・前掲注 (4)。
6 「実力をもって」は「武力をもって」とほぼ同義とされる［水島朝穂「戦争の放棄」小林孝輔＝芹沢斉編『基本法コンメンタール憲法』(日本評論社，第5版，2006年) 49頁］。

　そのことに関する答弁書として海部俊樹内閣総理大臣「参議院議員清水澄子君提出日本政府の中東支援策に関する質問に対する答弁書」(1990年11月27日) があり，その答弁書は「湾岸平和基金に対する資金拠出については，集団的自衛権を含めおよそ自衛権とは，国家による実力の行使に係る概念であるので，我が国が単に費用を支出するということは，右にいう実力の行使には当たらず，したがって，本件資金拠出は，我が国憲法上認められない集団的自衛権の行使には当たらない。また，右の十億ドルの一部により我が国が行っている輸送協力や医療協力は，実力行使そのものないしはそれと一体を成す行為には当たらないので，我が国憲法上認められない集団的自衛権の行使には当たらない」とする。
7 小泉純一郎内閣総理大臣・前掲注 (4)。
8 鈴木尊紘「憲法第9条と集団的自衛権─国会答弁から集団的自衛権解釈の変

遷を見る―」レファレンス 2011 年 11 月号（2011 年）33 頁。
9　砂川事件の判例、最判昭 34 年 12 月 16 日刑集 13 巻 13 号は「同条は、同条にいわゆる戦争を放棄し、いわゆる戦力の保持を禁止しているのであるが、しかしもちろんこれによりわが国が主権国として持つ固有の自衛権は何ら否定されたものではなく、わが憲法の平和主義は決して無防備、無抵抗を定めたものではないのである。憲法前文にも明らかなように、われら日本国民は、平和を維持し、専制と隷従、圧迫と偏狭を地上から永遠に除去しようとつとめている国際社会において、名誉ある地位を占めることを願い、全世界の国民と共にひとしく恐怖と欠乏から免かれ、平和のうちに生存する権利を有することを確認するのである。しからば、わが国が、自国の平和と安全を維持しその存立を全うするために必要な自衛のための措置をとりうることは、国家固有の権能の行使として当然のことといわなければならない」とする。
10　大森政輔政府委員・内閣法制局長官（当時）答弁、第 27 部日米防衛協力のための指針に関する特別委員会会議録第 4 号【参議院】5 頁（1999 年 5 月 11 日）。
11　自衛権発動の 3 要件がある。自衛権発動の 3 要件に関して、1973 年 6 月 21 日、第 71 回国会衆議院内閣委員会で、吉國一郎政府委員・内閣法制局長官（当時）は「この三要件と申しますのは、わが国に対して急迫不正な侵害があったこと。この場合に、これを排除するために他に適当な手段がないこと。さらに第三に、その急迫不正な侵害を排除するために必要な最小限度の力の行使にとどまるべきこと。この三つの要件を従来自衛権発動の三要件と申しております」と答弁した［吉國一郎政府委員・内閣法制局長官（当時）答弁、第 1 類第 1 号内閣委員会議録第 32 号 17 頁（1973 年 6 月 21 日）］。
　「わが国に対して急迫不正な侵害があったこと」という要件をみたさないので、集団的自衛権を行使できないということになる［日本弁護士連合会「集団的自衛権行使の容認及び国家安全保障基本法案の国会提出に反対する意見書」（2013 年）2 頁］。
12　鈴木善幸内閣総理大臣「衆議院議員稲葉誠一君提出『憲法、国際法と集団的自衛権』に関する質問に対する答弁書」（1981 年 5 月 29 日）。
13　鈴木・前掲注（8）47 頁。
14　安倍晋三内閣総理大臣「衆議院議員辻元清美君提出集団的自衛権の行使に

関する質問に対する答弁書」(2013 年 8 月 13 日)。
15 　松葉真美「集団的自衛権の法的性質とその発達―国際法上の議論―」レファレンス 2009 年 1 月号 (2009 年) 80 頁。
16 　鈴木・前掲注 (8) 34 頁。
17 　自由民主党「日本国憲法改正草案 Q&A」(2012 年) 36 頁。
18 　自由民主党「日本国憲法改正草案 (現行憲法対照)」(2012 年) 4 頁。
19 　石破茂『日本を，取り戻す。憲法を，取り戻す。』(PHP 研究所，2013 年) 138 頁 -140 頁。
20 　個別的自衛権・集団的自衛権に関して，国連憲章 51 条は「この憲章のいかなる規定も，国際連合加盟国に対して武力攻撃が発生した場合には，安全保障理事会が国際の平和及び安全の維持に必要な措置をとるまでの間，個別的又は集団的自衛の固有の権利を害するものではない。この自衛権の行使に当って加盟国がとった措置は，直ちに安全保障理事会に報告しなければならない。また，この措置は，安全保障理事会が国際の平和及び安全の維持または回復のために必要と認める行動をいつでもとるこの憲章に基く権能及び責任に対しては，いかなる影響も及ぼすものではない」とする (国際連合広報センター「国連憲章テキスト」<http://www.unic.or.jp/info/un/charter/text_japanese/>)。
21 　自由民主党・前掲注 (17) 10 頁。
22 　自由民主党・前掲注 (17) 10 頁。
23 　自由民主党・前掲注 (17) 10 頁には「草案では，自衛権の行使について憲法上の制約はなくなりますが，政府が何でもできるわけではなく，法律の根拠が必要です。国家安全保障基本法のような法律を制定して，いかなる場合にどのような要件を満たすときに自衛権が行使できるのか，明確に規定することが必要です。この憲法と法律の役割分担に基づいて，具体的な立法措置がなされていくことになります」と書かれている。
24 　憲法に「集団的自衛権は行使することができない」という明文規定があり，その明文規定によって日本が集団的自衛権を行使することができない場合は，政府の憲法解釈の変更によって，集団的自衛権の行使を可能にすることはできない。なぜなら，「集団的自衛権は行使することができない」という明文規定があると，いくらなんでも，「集団的自衛権を行使することができる」という憲法解釈をすることはできないからだ。

25　「安保法制懇」とは，安全保障の法的基盤の再構築に関する懇談会のこと。
26　自由民主党「安倍晋三総裁 記者会見 2013 年 7 月 22 日」<https://www.jimin.jp/activity/press/president/121801.html>。
27　内閣法制局の主な業務は，意見事務（法律問題に関し内閣，内閣総理大臣・各省大臣に対し意見を述べるという事務），審査事務（閣議に付される法律案，政令案，条約案を審査するという事務）だ。ただ，その業務は他にもあり，法律案・政令案を立案し，内閣に上申することも業務内容だ。
　　内閣法制局「組織・業務概要」<http://www.clb.go.jp/info/about/index.html>。内閣法制局設置法 3 条。
28　間柴泰治「短報 内閣法制局による憲法解釈小論」レファレンス 2008 年 2 月号（2008 年）76 頁。
　　1996 年 4 月 24 日，第 136 回国会参議院予算委員会で，大森政輔政府委員・内閣法制局長官（当時）は「客観的な制度の説明だけさせていただきたいと思いますが，御指摘のとおり，内閣法制局設置法の第三条第三号におきましては，内閣法制局の事務として『法律問題に関し内閣並びに内閣総理大臣及び各省大臣に対し意見を述べること。』と，このように定められておりまして，内閣法制局は法律問題に関して意見を述べることをその所掌事務としているわけでございます。ただいま御指摘ございましたように，憲法を含めまして法令の解釈というものは，最終的には最高裁判所の判例を通じて確定されることが現行憲法上予定されていることは御指摘のとおりであります。したがいまして，そのような意味で私どもの見解というものがいわゆる最高裁判所の判断のごとく拘束力を持っているものではないということは，もう指摘されるまでもなく重々承知しているわけでございます。ただ，やはり法律問題に関し意見を述べることを所掌事務として設置法に明記されていることに照らし考えますと，法制局の意見は，行政部あるいは政府部内においては専門的意見として最大限尊重されるものであることが制度上予定されているということは申し上げたいと思います。したがいまして，法令の解釈において，各省庁において疑義があるとか，あるいは関係省庁間において争いがあるというような場合は，法制局の意見を出すことによって行政部内においてはその解釈を統一していくということになろうかと思います」と答弁した［大森政輔政府委員・内閣法制局長官（当時）答弁，第 14 部予算委員会会議録第 13 号【参議院】12 頁（1996 年 4 月 24 日）］。

つまり，内閣法制局の憲法解釈は，他の国家機関の憲法解釈を確定するという意味でも，行政府内の憲法解釈を確定するという意味でも法的な拘束力を持つものではない。あくまでも，最終的な行政府における決定は，内閣によって行われ，結果的に内閣法制局の解釈が採用されているに過ぎない［間柴・同注（28）76頁］。

29 「新法制局長官，集団的自衛権の解釈見直し派に」YOMIURI ONLINE <http://www.yomiuri.co.jp/politics/news/20130801-OYT1T01590.htm>。

30 「内閣法制局長官に小松駐仏大使 集団的自衛権の解釈見直しへ布石」Doshinweb 北海道新聞 <http://www.hokkaido-np.co.jp/news/politics/483292.html>。

31 「『法制局としても積極的に参加』，集団的自衛権の行使容認に向けた議論 小松長官」msn 産経ニュース <http://sankei.jp.msn.com/politics/news/130819/plc13081918000007-n1.htm>。

32 「最高裁・山本判事の会見詳細」朝日新聞 DIGITAL<http://digital.asahi.com/articles/TKY201308200375.html?ref=comkiji_txt_end_kjid_TKY201308200375>。

33 角田禮次郎政府委員・内閣法制局長官（当時）答弁，第1類第15号予算委員会議録第12号28頁（1983年2月22日）。

34 小泉純一郎内閣総理大臣「参議院議員藤末健三君提出集団的自衛権についての政府見解等に関する質問に対する答弁書」（2005年10月21日）。

35 大森政輔政府委員・内閣法制局長官（当時）答弁，第1類第17号予算委員会議録第21号23頁（1997年2月28日）。

36 小泉純一郎内閣総理大臣「衆議院議員島聡君提出政府の憲法解釈変更に関する質問に対する答弁書」（2004年6月18日）は「御指摘の『憲法の解釈・運用の変更』に当たり得るものを挙げれば，憲法第六十六条第二項に規定する『文民』と自衛官との関係に関する見解がある。すなわち，同項は，『内閣総理大臣その他の国務大臣は，文民でなければならない。』と定めているが，ここにいう『文民』については，その言葉の意味からすれば『武人』に対する語であって，『国の武力組織に職業上の地位を有しない者』を指すものと解されるところ，自衛隊が警察予備隊の後身である保安隊を改めて設けられたものであり，それまで，警察予備隊及び保安隊は警察機能を担う組織であって国の武力

組織には当たらず，その隊員は文民に当たると解してきていたこと，現行憲法の下において認められる自衛隊は旧陸海軍の組織とは性格を異にすることなどから，当初は，自衛官は文民に当たると解していた。その後，自衛隊制度がある程度定着した状況の下で，憲法で認められる範囲内にあるものとはいえ，自衛隊も国の武力組織である以上，自衛官がその地位を有したままで国務大臣になるというのは，国政がいわゆる武断政治に陥ることを防ぐという憲法の精神からみて，好ましくないのではないかとの考え方に立って，昭和四十年に，自衛官は文民に当たらないという見解を示したものである」とする。

37 　大森政輔政府委員・内閣法制局長官（当時）・前掲注（35）23頁。
38 　平和主義は，基本的人権の尊重・国民主権と並ぶ日本国憲法の三大原則だ。
39 　小泉純一郎内閣総理大臣・前掲注（4）は「憲法は，我が国の法秩序の根幹であり，特に憲法第九条については，過去五十年余にわたる国会での議論の積み重ねがあるので，その解釈の変更については十分に慎重でなければならないと考える」とする。

　従来，憲法改正論議の中で特に注目されていたのは，憲法改正手続に関する憲法96条ではなく，平和主義・戦争の放棄に関する憲法9条だ。憲法9条は歴史上様々な観点から改正の必要性が主張され，近年も集団的自衛権との関連で改正の必要性が主張されることが少なくない。2013年4月・5月にも，北朝鮮のミサイル問題の関連で，集団的自衛権と憲法9条の問題が指摘されていた。もちろん，憲法9条の平和主義・戦争の放棄に関する意義を重視し，その改正に強く反対している人もいる。そこで，憲法9条改正に関しては活発な議論がされている。

40 　小泉純一郎内閣総理大臣・前掲注（36）は「憲法を始めとする法令の解釈は，当該法令の規定の文言，趣旨等に即しつつ，立案者の意図や立案の背景となる社会情勢等を考慮し，また，議論の積み重ねのあるものについては全体の整合性を保つことにも留意して論理的に確定されるべきものであり，政府による憲法の解釈は，このような考え方に基づき，それぞれ論理的な追求の結果として示されてきたものであって，諸情勢の変化とそれから生ずる新たな要請を考慮すべきことは当然であるとしても，なお，前記のような考え方を離れて政府が自由に憲法の解釈を変更することができるという性質のものではないと考えている。仮に，政府において，憲法解釈を便宜的，意図的に変更するような

ことをするとすれば，政府の憲法解釈ひいては憲法規範そのものに対する国民の信頼が損なわれかねないと考えられる」とする。

　1996年2月27日，第136回国会衆議院予算委員会で，大森政輔政府委員・内閣法制局長官（当時）は「政府がその政策のために従来の憲法解釈を基本的に変更するということは，政府の憲法解釈の権威を著しく失墜させますし，ひいては内閣自体に対する国民の信頼を著しく損なうおそれもある，憲法を頂点とする法秩序の維持という観点から見ましても問題があるというふうに考えているところでございます」と答弁した［大森政輔政府委員・内閣法制局長官（当時）答弁，第1類第17号予算委員会議録第19号30頁（1996年2月27日）］。

41　憲法98条1項は「この憲法は，国の最高法規であつて，その条規に反する法律，命令，詔勅及び国務に関するその他の行為の全部又は一部は，その効力を有しない」とする。

42　野中俊彦ほか『憲法Ⅰ』（有斐閣，第5版，2012年）5頁-6頁。

43　国会法68条の2は「議員が日本国憲法の改正案（以下『憲法改正案』という。）の原案（以下『憲法改正原案』という。）を発議するには，第五十六条第一項の規定にかかわらず，衆議院においては議員百人以上，参議院においては議員五十人以上の賛成を要する」とする。

44　野中俊彦ほか『憲法Ⅱ』（有斐閣，第5版，2012年）408頁参照。

45　野中ほか・前掲注（44）408頁-410頁。

46　「特別の国民投票」とは，憲法改正のために特別に行われる国民投票のこと。「国会の定める選挙」とは，衆議院議員総選挙・参議院議員通常選挙のこと。
　前者のメリットは，憲法改正賛成・反対に国民の判断を集中させることができるということで，後者のメリットは，投票率の向上が期待できるということと，経費削減が可能ということだ［高見勝利『シリーズ憲法の論点⑤憲法の改正』（国立国会図書館調査及び立法考査局，2005年）11頁］。

47　「投票」とは，「国会の定める選挙」と同時に行われるが，あくまでも，その選挙とは別の手続で行われる投票のこと。

48　「憲法96条改正」という言葉がマスメディアで注目されている。
　ただ，本文で述べたことをふまえると，現在具体的な改正の動きがあるのは，憲法96条1項についてということがわかるだろう。

49　自由民主党・前掲注（18）25 頁。
50　安倍晋三内閣総理大臣答弁，第 1 類第 14 号予算委員会議録第 21 号 18 頁（2013 年 4 月 9 日）。
51　飯田泰士『憲法 96 条改正を考える』（弁護士会館ブックセンター出版部 LABO，2013 年）13 頁 -14 頁参照。
52　その批判の背景には，日本国憲法制定後，国内外の状況が大きく変化しているにもかかわらず，日本国憲法が一度も改正されていないことがある。国内外の状況の大きな変化としては，北朝鮮のミサイル問題や中国の海洋進出をあげることができる。
53　飯田・前掲注（51）13 頁参照。
54　安倍晋三内閣総理大臣答弁，第 1 類第 14 号予算委員会議録第 11 号 13 頁（2013 年 3 月 11 日）。
55　飯田・前掲注（51）13 頁参照。
56　安倍晋三内閣総理大臣答弁，第 1 類第 14 号予算委員会議録第 12 号 6 頁（2013 年 3 月 12 日）。
57　飯田・前掲注（51）13 頁参照。
58　南部義典『Q&A 解説・憲法改正国民投票法』（現代人文社，2007 年）155 頁 -156 頁。
　　2012 年 4 月 5 日，第 180 回国会衆議院憲法審査会で，橘幸信衆議院法制局法制企画調整部長（当時）は「自民・公明両党案の国民投票法案に付された経費文書は八百五十億円でございました。民主党案の国民投票法案に付されました経費文書は八百五十二億円でございました。二億円の差は何かといいますと，民主党案におきましては当初から十八歳投票権でございましたので，この二歳分の投票事務費等として二億円をオンしたものでございます。ほとんどの八百五十億円につきましては中央選挙管理会などが使うわけですけれども，しかし，国民に対する周知広報は国会に設けられます国民投票広報協議会，つまり先生方が国会の事務局を使って全国民に全て周知広報するのだ，テレビでも新聞でもそうやって周知広報する，そのような費用として八百五十億円余が積算されたものと承知しております」と答弁した［橘幸信衆議院法制局法制企画調整部長（当時）答弁，憲法審査会議録第 4 号 8 頁（2012 年 4 月 5 日）］。
59　国会法 68 条の 2。

60　国会法 102 条の 7 第 1 項。
61　国会法 102 条の 7 第 2 項。
62　日本国憲法の改正手続に関する法律 151 条。
63　衆議院憲法調査会「衆議院憲法調査会報告書」(2005 年) 445 頁。
64　衆議院憲法調査会・前掲注 (63) 448 頁。
65　衆議院憲法調査会・前掲注 (63) まえがき i 頁。
66　2003 年 4 月 3 日，第 156 回国会衆議院憲法調査会最高法規としての憲法のあり方に関する調査小委員会で，高見勝利参考人（当時）は「国会で発議しますので国会議員が発案権を持っているということは当然のことでありますけれども，これは内部的発案というふうに法律的に呼んでおりますけれども，それ以外に，例えば外部的発案，つまり，内閣でありますとかあるいは国民が発案できるのかということについては，これはいわばグレーゾーンでございます。立法的な整備さえすれば，もちろん内閣については，これは政府の憲法調査会以来，憲法の解釈としてあるのかどうかということで議論がございますけれども，少なくとも内閣についても，発案について，これは発議権が国会にありますので，仮に発案があっても，それによって発議が縛られているわけではございませんので，そういうふうに考えますと，内閣も当然に発案できるんじゃないか，こういう解釈が基本的には成り立つと思います。そうしますと，国民につきましても，法律的な整備さえすればそういう議論というのは成り立つであろうというふうに思います」と発言した［高見勝利参考人（当時）発言，（附属の 1）憲法調査会最高法規としての憲法のあり方に関する調査小委員会議録第 3 号 15 頁（2003 年 4 月 3 日）］。
67　五十嵐敬喜参考人（当時）発言，第 23 部日本国憲法に関する調査特別委員会会議録第 11 号【参議院】2 頁（2007 年 5 月 10 日）。
68　五十嵐敬喜参考人（当時）発言・前掲注 (67) 2 頁。
69　首相官邸「安倍晋三内閣総理大臣年頭所感（2007 年 1 月 1 日）」<http://www.kantei.go.jp/jp/abespeech/2007/01/01syokan.html>。
70　ねじれ国会とは，衆議院で与党が過半数の議席をもち，参議院で野党が過半数の議席をもつ状態になっている国会のこと。
71　内閣総理大臣決裁「安全保障の法的基盤の再構築に関する懇談会の開催について」(2013 年) の別紙「安全保障の法的基盤の再構築に関する懇談会 有

識者」。

72 「駒沢大学名誉教授・西修 憲法改正へ『世界一の難関』崩せ」msn 産経ニュース <http://sankei.jp.msn.com/politics/news/130401/plc13040103280010-n3.htm>。なお，西修氏は，その記事において，国民に発案権を認めるべきだという主張をしているわけではない。

73 首相官邸「安全保障の法的基盤の再構築に関する懇談会」<http://www.kantei.go.jp/jp/singi/anzenhosyou2/index.html>。

74 首相官邸「『安全保障の法的基盤の再構築に関する懇談会』（第 1 回）」<http://www.kantei.go.jp/jp/singi/anzenhosyou2/dai1/gijiyousi.html>。

75 本文で述べたことに関する指摘が国会でされている。
　2007 年 5 月 10 日，第 166 回国会参議院日本国憲法に関する調査特別委員会で，五十嵐敬喜参考人（当時）は「私としては，この発案権について，国民投票をせっかく作るわけですから，もっと十分な議論をなさっていただいて，いろんな方がいろんな形で発案できるということの方がより開かれた二十一世紀的な憲法改正プロセスではないかというふうに考えますので，できれば内閣からの発案ということ，本当にできないかどうか，あるいは国民からの発案ということ，本当にできないかどうかを考えていただければ有り難いというのが一つです。その実質的な根拠を申し上げますと，今の言っていることは，単に国民が立法権を持っているという直接的な理論的な帰結でありませんで，一番の厄介な点は，議会しか発案権がないとすると議会改革は一体だれがやるのかということであります。つまり，二院制を含めまして，憲法上，議会に関しても様々な論点，大きく言えば議院内閣制も議会の構造とはっきりかかわる問題でありますし，その他の議会の権限についてもいろんな憲法上の論点あるんですけれども，仮に議会がそういう既存の制度について非常に保守的な態度になりますと，どんなに問題があっても議会が変わらない限り議会の改革はできないという構造になりまして，これ非常に不都合なことではないかと。議論は少なくとも，最終的に発議するかどうかは議会で決めてよろしいわけですけれども，いろんな議論をするとき，正式な憲法改正案として，例えば二院制を一院制にするというようなこともあり得ていいわけですから，そういうこと自体はいろんな形で国民あるいは内閣からも提案されてもいいだろうというのが一つであります。それから二番目，もっとこれ原理的な問題でありますけれども，果た

して議会がオールマイティーの，憲法改正という最も重要なものについてオールマイティーの権限を持っているかどうかと。逆に言いますと，議会も憲法上の一機関でありまして，憲法があって初めて設置が認められる構造というかシステムです。その議会が構造そのものを否定するような議決をしていいかどうかということに関しては非常に論理矛盾があるということでありまして，一七八〇年に今のアメリカの憲法ができる前にマサチューセッツ憲法がありまして，ここでは，議会は少なくとも憲法に関しては，つまり自らの根拠法に関してはオールマイティーではないということを議論いたしまして，それ以来，議会以外にも発案権を認めるということが全世界的に広がっておりまして，このある種のジレンマですね，論理的ジレンマについてやっぱりもう少し深く議論をしていただければよろしかったと思いますし，これからも議論すべきではないかと私は思っております」と発言した［五十嵐敬喜参考人（当時）発言・前掲注（67）2頁］。

76　NHK 放送文化研究所「『憲法に関する意識調査』単純集計表」（2013 年）1頁。
77　NHK 放送文化研究所・前掲注（76）4頁。
78　NHK 放送文化研究所・前掲注（76）4頁。
79　NHK 放送文化研究所・前掲注（76）4頁。
80　NHK 放送文化研究所・前掲注（76）4頁。
81　NHK 放送文化研究所・前掲注（76）4頁。
82　NHK 放送文化研究所・前掲注（76）2頁。
83　NHK 放送文化研究所・前掲注（76）2頁。
84　伊藤光利『ポリティカル・サイエンス事始め』（有斐閣，第 3 版，2009 年）241 頁。
85　飯田泰士『新法対応！ネット選挙のすべて 仕組みから活用法まで』（明石書店，2013 年）43 頁。
86　大日本帝国憲法 73 条。
　　1 項　将来此ノ憲法ノ条項ヲ改正スルノ必要アルトキハ勅命ヲ以テ議案ヲ帝国議会ノ議ニ付スヘシ
　　2 項　此ノ場合ニ於テ両議院ハ各々其ノ総員三分ノニ以上出席スルニ非サレハ議事ヲ開クコトヲ得ス出席議員三分ノ二以上ノ多数ヲ得ルニ非サレハ改正ノ

議決ヲ為スコトヲ得ス
87　高見・前掲注（46）2頁。
88　高見・前掲注（46）2頁。
89　伊藤正己『憲法』（弘文堂，第3版，1995年）655頁（その規定の意義に関して，本書は，元最高裁判所裁判官の伊藤正己氏の見解に従う）。
90　「この憲法と一体を成すものとして」という言葉が，憲法96条2項にはあるが，自由民主党「日本国憲法改正草案」100条2項にはないという違いもある。それに関しては，憲法の全面改正に関する問題が指摘されている［奥平康弘ほか『改憲の何が問題か』（岩波書店，2013年）165頁-166頁］。
91　安倍晋三内閣総理大臣答弁・前掲注（50）18頁。
92　「【安倍首相・憲法インタビュー】一問一答」msn産経ニュース <http://sankei.jp.msn.com/politics/news/130427/plc13042707530006-n1.htm>。
93　党議拘束とは，各政党が国会での議決の前に賛否を決めておき，それに従った投票行動を所属議員に命じ，所属議員の投票行動を拘束することだ。「造反議員が出た」「造反議員が出る可能性がある」と報道されることがあるが，その場合の「造反」というのは党議拘束に違反した投票行動のことだ。議員が党議拘束に違反すると，所属政党によって，除籍・除名，離党勧告等の処分をされてしまうことになる。そこで，議員は党議拘束に従うことになる［飯田・前掲注（85）147頁，176頁-177頁］。
94　川人貞史ほか『現代の政党と選挙』（有斐閣，2001年）78頁。
95　もちろん，造反議員が出た結果，与党が望まない憲法改正が行われる可能性はあるが，本文では，そこまでは扱わない。
96　もちろん，造反議員が出た結果，与党が望まない憲法改正が行われる可能性はあるが，本文では，そこまでは扱わない。
97　もちろん，憲法96条改正論は，国会発議要件を緩和することによって，①憲法改正を現実的なものにすること，②社会の動きに憲法を適合させやすくすること，③憲法・憲法改正に関する国民の議論を活発にすること，④憲法に対する意思表示の機会を国民が得やすくすることを目指すものでもある。
98　ちなみに，いずれかの議院の総議員の「4分の1以上」の要求があれば，内閣は臨時会の召集を決定しなければならない。
　　また，出席議員の「5分の1以上」の要求があれば，各議員の表決を会議録

に記載しなければならない。
99 憲法96条改正論に基づく憲法改正をして，国会発議要件を「各議院の総議員の過半数の賛成」にした憲法改正手続。
100 直接イニシアティブに関しては，飯田・前掲注（51）97頁-112頁，233頁-252頁参照。
101 最高法規としての憲法のあり方に関する調査小委員会「『直接民主制の諸制度』に関する基礎的資料」（2004年）38頁。
102 国民のうちから自らの代表者を選び，その代表者が国民に代わって国政を担当する制度。
103 国民が自ら直接に政治決定を行う制度。
104 憲法79条2項。
105 憲法95条。
106 前掲注（92）。
107 飯田・前掲注（51）214頁-215頁参照。
108 宮下茂「一般的国民投票及び予備的国民投票～検討するに当たっての視点～」立法と調査320号（2011年）139頁，143頁，147頁。
109 宮下・前掲注（108）139頁。
110 宮下・前掲注（108）148頁。
111 衆議院憲法審査会事務局「日本国憲法の改正手続に関する法律（憲法改正問題についての国民投票制度に関する検討条項）に関する参考資料」（2012年）3頁。
112 「予備的国民投票」（日本国憲法の改正手続に関する法律附則12条）は，諮問的国民投票になることが想定されている。

　日本国憲法の改正手続に関する法律附則12条が設けられた背景は，以下のとおりだ。

　2007年3月29日，第166回国会衆議院日本国憲法に関する調査特別委員会で，保岡興治衆議院議員は「一般的国民投票制度といっても，その対象を広く国政上の重要問題一般とするのではなくて，個別の憲法問題に限定した諮問的，予備的国民投票制度については，議会制民主主義の例外として国民投票を要する旨を定めている憲法九十六条に関連するものとして，比喩的に言えば，憲法九十六条の周辺に位置するものと言うこともできます。ただ，発議の形式や議

決要件など，その具体的な制度設計についてはまだまだ議論が必要で，今直ちに本法律案に明記する段階に達しておらないので，慎重な検討が必要ではないかと思います。そこで，このような憲法改正問題についての国民投票制度の是非について，本法によって創設される憲法審査会において今後検討すべき重要事項の一つとして附則に明記する修正をしたところでございます」と発言した［保岡興治衆議院議員発言，第 2 類第 7 号日本国憲法に関する調査特別委員会議録第 4 号（その 1）3 頁（2007 年 3 月 29 日）］。

113　宮下・前掲注（108）140 頁-141 頁。
　　なお，そのような主張の違いの中から生まれたのが，予備的国民投票制度に関する日本国憲法の改正手続に関する法律附則 12 条だ［宮下・前掲注（108）141 頁］。

114　国民投票は，その結果の法的拘束力の有無によって，諮問的国民投票と確定的国民投票に分けることができる。前者はその結果に法的拘束力がないもので，後者はその結果に法的拘束力があるものだ。学説では，後者は立法権を拘束するものとして憲法 41 条に違反するが，前者は憲法上許容され得るという見解が多数だ［衆議院憲法審査会事務局・前掲注（111）22 頁］。

115　真田秀夫政府委員・内閣法制局長官（当時）答弁，第 1 類第 13 号予算委員会議録第 6 号 2 頁 -3 頁（1978 年 2 月 3 日），宮下・前掲注（108）142 頁，衆議院憲法審査会事務局・前掲注（111）22 頁。

116　具体的には，憲法改正国民投票は実施が義務的で結果が国家の意思を拘束するが，一般的国民投票は任意的，諮問的だということ［宮下・前掲注（108）141 頁］。

117　2007 年 3 月 29 日，第 166 回国会衆議院日本国憲法に関する調査特別委員会で，保岡興治衆議院議員は「国民投票の対象についてですが，憲法改正国民投票と一般的な国民投票とでは，その本質を全く異にするものであり，その詳細な制度設計についてはさらに議論を深める必要があることから，今回は憲法改正国民投票法制に限定して制度設計を行うのが適当であると考えております」と発言した［保岡興治衆議院議員発言・前掲注（112）2 頁］。

118　2007 年 3 月 29 日，第 166 回国会衆議院日本国憲法に関する調査特別委員会で，保岡興治衆議院議員は「現行憲法は国会を国の唯一の立法機関であると規定して，基本的に議会制民主主義を採用しており，これらを補完するもの

としての直接民主主義の制度は，わずかに最高裁判所の裁判官の国民審査，地方自治特別法における住民投票，そして憲法改正国民投票の場合に限定されています。一般的国民投票制度は，民主党御提案のようにその効果が諮問的なものであるとしましても，事実上の拘束力があり得ることは否定できない。この憲法の定める議会制民主主義の根幹にかかわる重大な問題でありまして，むしろ憲法改正事項そのものではないかとの懸念も払拭できないものでございます。また，そもそも国民投票が必要的な要件とされておって，かつ，その結果に法的拘束力がある憲法改正国民投票と，任意で諮問的な効果が想定される一般的な国民投票とでは，その本質を全く異にするものであることなどにもかんがみますと，今回は憲法改正国民投票法制に限定して制度設計するのが適当であると考えております」と発言した［保岡興治衆議院議員発言・前掲注（112）3頁］。

119　宮下・前掲注（108）141頁。
120　自由民主党「日本国憲法改正草案」9条の2には，国防軍の保持に関する規定がある。
　　そこで，自由民主党「日本国憲法改正草案」9条の2を具体的に示す。
　　自由民主党「日本国憲法改正草案」9条の2［自由民主党・前掲注（18）4頁-5頁］
　1項　我が国の平和と独立並びに国及び国民の安全を確保するため，内閣総理大臣を最高指揮官とする国防軍を保持する。
　2項　国防軍は，前項の規定による任務を遂行する際は，法律の定めるところにより，国会の承認その他の統制に服する。
　3項　国防軍は，第一項に規定する任務を遂行するための活動のほか，法律の定めるところにより，国際社会の平和と安全を確保するために国際的に協調して行われる活動及び公の秩序を維持し，又は国民の生命若しくは自由を守るための活動を行うことができる。
　4項　前二項に定めるもののほか，国防軍の組織，統制及び機密の保持に関する事項は，法律で定める。
　5項　国防軍に属する軍人その他の公務員がその職務の実施に伴う罪又は国防軍の機密に関する罪を犯した場合の裁判を行うため，法律の定めるところにより，国防軍に審判所を置く。この場合においては，被告人が裁判所へ上訴す

る権利は，保障されなければならない。

　自由民主党「日本国憲法改正草案」9条の2第1項を見るとわかるように，自由民主党は国防軍の保持を目指している。自由民主党「日本国憲法改正草案Q&A」には「世界中を見ても，都市国家のようなものを除き，一定の規模以上の人口を有する国家で軍隊を保持していないのは，日本だけであり，独立国家が，その独立と平和を保ち，国民の安全を確保するため軍隊を保有することは，現代の世界では常識です」と書かれている［自由民主党・前掲注（17）10頁］。そのことからわかるように，国防軍を保持するということは，軍隊を保持していない日本が軍隊を保持するということだ。

　国防軍は軍隊なので，法律の規定に基づいて武力を行使することも可能と考えられている［自由民主党・前掲注（17）11頁］。

　また，国防軍の保持に伴い，通常の裁判所ではない，軍事審判所（いわゆる軍法会議）の設置も想定されている（自由民主党「日本国憲法改正草案」9条の2第5項参照）。

　なお，国防軍を保持したからといって，徴兵制が採用されることになるとは限らない。

　ちなみに，徴兵制に関する政府の憲法解釈は「一般に，徴兵制度とは，国民をして兵役に服する義務を強制的に負わせる国民皆兵制度であつて，軍隊を常設し，これに要する兵員を毎年徴集し，一定期間訓練して，新陳交代させ，戦時編制の要員として備えるものをいうと理解している。このような徴兵制度は，我が憲法の秩序の下では，社会の構成員が社会生活を営むについて，公共の福祉に照らし当然に負担すべきものとして社会的に認められるようなものでないのに，兵役といわれる役務の提供を義務として課されるという点にその本質があり，平時であると有事であるとを問わず，憲法第十三条，第十八条などの規定の趣旨からみて，許容されるものではないと考える」というものだ［鈴木善幸内閣総理大臣「衆議院議員稲葉誠一君提出徴兵制問題に関する質問に対する答弁書」（1980年8月15日）］。

　ただ，憲法は多様な解釈をすることができる。例えば，徴兵制の合憲性に関して，2002年5月23日，第154回国会衆議院憲法調査会基本的人権の保障に関する調査小委員会で，石破茂衆議院議員は「日本の国において，徴兵制は憲法違反だと言ってはばからない人がいますが，そんな議論は世界じゅうどこに

もないのだろうと私は思っています。徴兵制をとるとらないは別として，徴兵制は憲法違反，なぜですかと聞くと，意に反した奴隷的苦役だからだと。国を守ることが意に反した奴隷的な苦役だというような国は，私は，国家の名に値をしないのだろうと思っています。少なくとも，日本以外のどの国に行っても，社会体制がどんなに違ったとしても，そのようなことは，あなた，本当に何を考えているんですか，そういう反応になるのだろうと思っています。徴兵制が憲法違反であるということには，私は，意に反した奴隷的な苦役だとは思いませんので，そのような議論にはどうしても賛成しかねるというふうに思っておりますが，御見解を承れれば幸いです」と発言している［石破茂衆議院議員発言，附属の１憲法調査会基本的人権の保障に関する調査小委員会議録第４号14頁-15頁（2002年５月23日）］。

そして，❶政府の憲法解釈は変更される可能性がある。

だから，いつか，政府の憲法解釈が変更され，徴兵制は憲法上許容されるということになり，徴兵制が導入される可能性はある。

121　憲法改正の限界の議論というのは，いかなる内容の憲法改正ができるのか，という議論だ。憲法改正無限界論と憲法改正限界論がある。

憲法改正無限界論とは，憲法改正に限界はなく，いかなる内容の憲法改正もできる，という考え方だ。憲法改正限界論とは，憲法改正には限界がある，という考え方だ。憲法改正限界論が通説だ，つまり，憲法学上の一般的な考え方だ。

ただ，憲法改正限界論といっても，憲法改正の限界を超えることを理由として改正することができないとする内容に関する考え方が，統一されているわけではない。

122　「（寄稿　憲法はいま）96条改正という『革命』憲法学者・石川健治」朝日新聞 DIGITAL<http://digital.asahi.com/articles/TKY201305020463.html?ref=comkiji_txt_end_s_kjid_TKY201305020463>。

123　宮下・前掲注（108）143頁，国立国会図書館調査及び立法考査局政治議会課憲法室「諸外国における国民投票制度の概要」調査と情報584号（2007年）２頁。

124　「イタリア，原発再開を断念　国民投票で９割超が反対」日本経済新聞<http://www.nikkei.com/article/DGXNASGM1305E_T10C11A6MM8000/>。

山岡規雄「【イタリア】原発の是非を問う国民投票」外国の立法2011年7月（2011年）。

125 「イタリア，原発再開を凍結へ 国民投票が成立」朝日新聞 DIGITAL <http://www.asahi.com/special/10005/TKY201106130284.html>。

126 国会の発議によって憲法改正行為が成立し，国民の承認を条件として，その効力が発生するという考え方もある。しかし，一般的には，憲法改正行為は国会の発議に対する国民の承認によって，成立すると考えられている［浦田一郎「憲法改正」小林孝輔＝芹沢斉編『基本法コンメンタール憲法』（日本評論社，第5版，2006年）436頁］。

127 中山太郎委員長（当時）発言，第2類第8号日本国憲法に関する調査特別委員会議録第5号18頁（2005年10月27日）。

128 NHKが2013年4月19日から4月21日までの3日間行った世論調査の結果によると，憲法9条改正をする必要はないと思う人がそのように思う理由として重要なことは，「（憲法9条が）平和憲法としての最も大事な条文だから」ということだ［NHK放送文化研究所・前掲注（76）2頁-3頁参照］。

129 国連平和維持活動（United Nations peacekeeping operations）とは，伝統的には，紛争が発生していた地域において，その紛争当事者間の停戦合意が成立した後に，国連が国連安全保障理事会（または総会）の決議に基づいて，両当事者の間に立って停戦や軍の撤退を監視することで再び紛争が発生することを防ぎ，対話を通じた紛争解決が平和裡に着実に実行されていくことを支援する活動のことだ［外務省「PKO政策Q&A」<http://www.mofa.go.jp/mofaj/gaiko/pko/q_a.html>］。

130 「改憲論議にズレ『集団的自衛権』3割超がPKO想定」中日新聞 <http://www.chunichi.co.jp/article/senkyo/sanin2013/all/CK2013060402000292.html>。

131 防衛省・自衛隊「国際平和協力活動とは」<http://www.mod.go.jp/j/approach/kokusai_heiwa/about.html#link01>。

132 自衛隊のイラクでの活動に関して，2003年12月9日，小泉純一郎内閣総理大臣（当時）は「武器弾薬の輸送は行いません」と発言した（首相官邸「小泉内閣総理大臣記者会見［イラク人道復興支援特措法に基づく対応措置に関する基本計画について］」<http://www.kantei.go.jp/jp/koizumispeech/2003/12/09press.html>）。

133　2004年8月2日，第160回国会衆議院本会議で，小泉純一郎内閣総理大臣（当時）は「自衛隊による安全確保支援活動についてでございます。自衛隊は，イラク特措法及びその基本計画にのっとって，人道復興支援活動を中心に活動を行い，これに支障を及ぼさない範囲で安全確保支援活動を行うこととしております。相手国，回数，人員などの詳細については，安全の確保や関係諸国との関係といった観点から，お答えは差し控えさせていただきます。安全確保支援活動については，米国の物資，人員を航空自衛隊のC130輸送機により輸送するなどの支援活動を実施しております。なお，その場合にも，武器弾薬の輸送は行っておらず，輸送の対象となる人員が武器を携行する場合には，常識的な範囲で通常携行するものに限って，人員輸送の一環として輸送することとしております」と答弁した［小泉純一郎内閣総理大臣（当時）答弁，衆議院会議録第2号第30回主要国首脳会議出席に関する報告に対する岡田克也君の質疑9頁（2004年8月2日）］。

134　福田康夫内閣総理大臣「参議院議員喜納昌吉君提出海上自衛隊がインド洋で給油する燃料に関する質問に対する答弁書」（2007年10月16日）は「我が国が平成十三年十二月二日から平成十九年八月三十日までの間に，平成十三年九月十一日のアメリカ合衆国において発生したテロリストによる攻撃等に対応して行われる国際連合憲章の目的達成のための諸外国の活動に対して我が国が実施する措置及び関連する国際連合決議等に基づく人道的措置に関する特別措置法（平成十三年法律第百十三号。以下「テロ対策特措法」という。）に基づく協力支援活動として諸外国の軍隊等の艦船に対して行った洋上補給に係る給油量の合計は，艦船用燃料にあっては約四十八万四千キロリットル，艦艇搭載ヘリコプター用燃料にあっては約九百六十キロリットルである」とする。

135　前掲注（130）。

136　安全保障の法的基盤の再構築に関する懇談会「報告書」（2008年）。

137　海上保安庁「排他的経済水域（EEZ）と領海及び公海の違いを教えて下さい」<http://www.kaiho.mlit.go.jp/shitugi/faq/faq15.html>。

138　安全保障の法的基盤の再構築に関する懇談会・前掲注（136）4頁。

139　安全保障の法的基盤の再構築に関する懇談会・前掲注（136）30頁。

140　安全保障の法的基盤の再構築に関する懇談会・前掲注（136）4頁。

141　安全保障の法的基盤の再構築に関する懇談会・前掲注（136）30頁。

142　内閣総理大臣決裁・前掲注（71）。
　　内閣総理大臣決裁「安全保障の法的基盤の再構築に関する懇談会の開催について」（2007 年）の別紙「安全保障の法的基盤の再構築に関する懇談会構成員」。
143　首相官邸・前掲注（74）。
144　安倍晋三内閣総理大臣・前掲注（14）。
145　首相官邸・前掲注（74）。
　　他にも，安全保障の法的基盤の再構築に関する懇談会第 1 回では，委員から「アメリカ以外の国との関係，とりわけ東南アジア諸国，オーストラリア，韓国等を含めた国から何らかの支援を要請された時にどのように対応するかということも検討しておく必要がある」という意見がだされている。もっとも，その意見が集団的自衛権に関するものかは明確ではない。ただ，国際司法裁判所は集団的自衛権を行使するためには，武力攻撃の直接の犠牲国による，①武力攻撃を受けた事実の宣言，②他国への援助の要請が必要だとしている［松葉・前掲注（15）92 頁］。
　　また，集団的自衛権の対象国に関して，2013 年 11 月 6 日，BS 日テレの番組で，自由民主党の石破茂幹事長・元防衛大臣は，東南アジア諸国がその対象国に含まれる可能性があるという認識を示した。具体的には，自由民主党の石破茂幹事長・元防衛大臣は，対象国としてフィリピン，マレーシア，インドネシア，ベトナムを例示し，「そういう国々に急迫不正の攻撃がなされた場合，アジア太平洋全体の（軍事）バランスが大きく崩れる。日本にとって死活的な問題になる可能性はある」「米国でないから（自衛隊を）出さないということでいいのか。最初から排除する選択肢はない」と発言した。その発言は，中国の海洋進出を念頭に置いたものと考えられる［「集団的自衛権『東南アジアも』行使対象国で石破氏」東京新聞 TOKYO Web<http://www.tokyo-np.co.jp/article/politics/news/CK2013110702000117.html>］。
146　「集団的自衛権『豪韓にも適用検討』シーレーン防衛　柳井安保法制懇座長」msn 産経ニュース <http://sankei.jp.msn.com/politics/news/130227/plc13022722250014-n1.htm>。
147　防衛省・自衛隊「防衛省・自衛隊によるサイバー空間の安定的・効果的な利用に向けて」<http://www.mod.go.jp/j/approach/others/security/cyber_security_sisin.html#capter2>。

148　首相官邸・前掲注（74）。
149　4類型とは，本文で先程述べた①公海における米艦の防護，②米国に向かうかもしれない弾道ミサイルの迎撃，③国際的な平和活動における武器使用，④同じ国連 PKO 等に参加している他国の活動に対する後方支援のこと。
150　首相官邸・前掲注（74）。
151　片山善雄＝橋本靖明「テロと国際法」防衛研究所紀要6巻2号（2003年）83頁。
152　自由民主党・前掲注（17）10頁。
153　藤末健三『知ってる？私たちの平和憲法』（ブイツーソリューション，改訂版，2013年）54頁。
154　安達宜正「ここに注目！『集団的自衛権・憲法解釈変更へ』」NHK 解説委員室 <http://www.nhk.or.jp/kaisetsu-blog/300/165114.html>。
155　松葉・前掲注（15）98頁。
156　松葉・前掲注（15）94頁-95頁。
157　「海外派兵につながらず 集団的自衛権行使容認で防衛相」msn 産経ニュース <http://sankei.jp.msn.com/politics/news/130817/stt13081710280002-n1.htm>。
158　安達・前掲注（154）。
159　岡田浩＝松田憲忠『現代日本の政治―政治過程の理論と実際―』（ミネルヴァ書房，2009年）28頁。
160　岡田＝松田・前掲注（159）28頁-29頁は，投票参加の長所として，参加の敷居の低さ，影響力の平等性，代表者に対する圧力の強さをあげる。
161　もっとも，「一票の格差」をふまえると，厳密には，投票の影響力がみんな同じとはいえない。選出される議員1人当たりの有権者数が選挙区によって違うため，有権者数が少ない選挙区ほど有権者の投じる1票の価値は大きくなる。一票の格差は，最近話題になっている選挙制度改革と密接な関係がある。
162　新しい政権が誕生し内閣が発足する際，新大臣がどのような人かということが報道される。そのとき注目されることは，年齢ではなく，当選回数だ。例えば，「～衆議院議員，当選回数～回で大臣に就任です。大抜擢です」というような報道がされる。当選回数1回の80歳の者と当選回数6回の50歳の者，どちらが良いポストを得られそうか，ということは，日頃の政治に関する報道を見ていれば容易にわかるだろう。そのことからわかるように，政界で出世を

するためには当選回数を積み重ねることが重要だ。
163　飯田泰士『成年被後見人の選挙権・被選挙権の制限と権利擁護―精神・知的障害者，認知症の人の政治参加の機会を取り戻すために―』（明石書店，2012 年）137 頁。
164　獲得票数の増加が獲得議席の増加につながらない場合も考えられる。

　　ある政党が参議院議員通常選挙のある複数区に複数候補者を擁立するとき，その複数候補者がタイプの違う候補者の場合，国民の様々なニーズに応えることができる。そのため，ある政党がそのようにすると，その選挙区におけるその政党の（候補者の）獲得票数が増加することが予想されるし，それに伴い比例代表選挙におけるその政党の獲得票数が増加することが予想される。しかし，その複数候補者間で票が割れてしまい，結果として，その政党の候補者がその選挙区で 1 人も当選しなくなってしまい（つまり，共倒れになってしまい），しかも，比例代表選挙におけるその政党の獲得議席が増加しない可能性がある。

　　具体的には，ある 4 人区（改選は 2 議席）で，政党 α，政党 β，政党 γ がそれぞれ候補者を 1 人擁立した場合，政党 α の候補者が 10，政党 β の候補者が 9，政党 γ の候補者が 8 の票を獲得し，政党 α の候補者と政党 β の候補者が当選するはずなのに，その 4 人区（改選は 2 議席）で，政党 α が候補者を 2 人，政党 β と政党 γ がそれぞれ候補者を 1 人擁立した場合，政党 α の 2 人の候補者が 6 と 6（合わせて 12），政党 β の候補者が 8，政党 γ の候補者が 7 の票を獲得し，政党 β の候補者と政党 γ の候補者が当選することになってしまい，しかも，政党 α の比例代表選挙における獲得議席も増加しない可能性があるということだ。

　　つまり，参議院議員通常選挙のある複数区に複数候補者を擁立するという選挙戦略は，獲得票数の増加という政党の利益にはかなうが，獲得議席の増加という政党の利益を損なう可能性があるため，政党は参議院議員通常選挙のある複数区に複数候補者を擁立するか否かということで迷うことになる。

　　本文で述べたとおり，獲得議席の増加が主たる利益で，獲得票数の増加は獲得議席の増加のための従たる利益だから，参議院議員通常選挙のある複数区に複数候補者を擁立するという選挙戦略が，獲得票数の増加という政党の利益にかなっても，獲得議席の増加という政党の利益を損なってしまっては，元も子もない［飯田・前掲注（85）181 頁 -182 頁］。
165　地方選挙の選挙権に関して，公職選挙法 9 条 2 項は「日本国民たる年齢満

二十年以上の者で引き続き三箇月以上市町村の区域内に住所を有する者は，その属する地方公共団体の議会の議員及び長の選挙権を有する」とする。

166　憲法7条本文は「天皇は，内閣の助言と承認により，国民のために，左の国事に関する行為を行ふ」とし，憲法7条4号は「国会議員の総選挙の施行を公示すること」とする。そして，「総選挙」（憲法7条4号）とは，衆議院議員総選挙と参議院議員通常選挙のことだ［廣澤民生「天皇の国事行為（2）」小林孝輔＝芹沢斉『基本法コンメンタール』（日本評論社，第5版，2006年）35頁］。

167　政権与党の過去の業績に基づく業績投票がある。具体的には，業績投票は，政権与党の業績が良ければそれに肯定的な票を投じ，悪ければそれに批判的な票を投じる，というものだ。日本でも，業績投票が起こっていると考えられている［久米郁男ほか『政治学 Political Science: Scope and Theory』（有斐閣，2003年）395頁-396頁］。

168　コロンビア大学教授のジェラルド・カーティス氏は「マニフェストをよく読み投票する人はまれです。殆どの有権者はリーダーと党のイメージと候補者とのつながりによってで投票します」と発言している（ジェラルド・カーティス「総選挙結果の意味をどう見るべきか」REITI<http://www.rieti.go.jp/jp/events/bbl/03111101.html>）。

　日本では，小選挙区制の導入に伴って，党首個人に対する評価が政党への支持に影響するという現象が指摘されている［蒲島郁夫ほか『メディアと政治』（有斐閣，2007年）124頁］。

169　スタンダードな投票行動のモデルのミシガンモデル（実証的な投票行動研究の成果に基づく理論モデル）は，心理学的変数として，政党帰属意識（日本では「政党支持態度」），候補者イメージ（有権者が抱く候補者イメージ），争点態度（政策争点に関する有権者の立場）を考える［川人ほか・前掲注（94）180頁-181頁，伊藤光利ほか『政治過程論』（有斐閣，2000年）117頁］。つまり，その3つの心理的要因が有権者の投票行動に影響を与えているということだ。

　「候補者イメージ」を具体的にいうと，誠実そうな人柄，信頼できそうだということ，ルックス（例えば，背が高い）等による候補者への好感だ［伊藤ほか・同注（169）117頁，124頁，久米ほか・前掲注（167）387頁参照］。

170　そのため，選挙の際に憲法に関する政策 a を主張していた政党 A が選挙

で勝利し与党になったときに，国民が政策 a の実行に反対しているということは，十分おこりえる。つまり，その選挙で政党 A が勝利し与党になったといっても，政党 A が勝利した理由は，国民が政策 a を支持したこと以外にも考えられ，例えば，①国民が政党 A の経済政策を支持したこと，②国民が政党 A の党首に好感を抱いていること，③政権を任せることができる政党が政党 A しかないと国民が判断したこと等が考えられる。

171　川人ほか・前掲注（94）185 頁。

なお，川人ほか・前掲注（94）185 頁は，さらに付け加えるならば，③その政党が政権を獲得した場合に，公約を議会で実現するだけの党内規律が存在していることに対する，有権者からの最低限の信頼が必要だとし，その理由として，全く守られるあてのない公約に基づいて投票する有権者はいないことをあげる。

172　選挙の際，有権者は政党・候補者に投票し，特定の政策・理念についての賛否を示すわけではない。そのため，選挙結果をふまえて，特定の政策・理念に関する民意の所在を論じる際には，多様な解釈が可能だ。具体的には，以下のとおりだ。

憲法改正が争点になった総選挙において，政党 A が勝利した。ただ，その場合，政党 A の勝利の理由が，①政党 A の憲法改正案を国民が支持したことか，②政党 A の経済政策を国民が支持したことか，③政党 A の党首に国民が好感を抱いていることか，④政権を任せられる政党が政党 A 以外に存在しなかったことか，それとも，⑤それ以外のことかは，明確ではない。だから，政党 A の勝利の理由に関しては，様々な解釈が可能なのだ。

マスメディアや専門家によって選挙後に行われる有権者への意識調査は，一定程度，多様な解釈に統一的な回答を与えてくれるが，解釈の争いを避けることはできない［岡田＝松田・前掲注（159）29 頁 -30 頁］。

173　もちろん，投票用紙に他のことを書き込むことはできる。

しかし，原則として法的には無効だ。

例外は日本国憲法の改正手続に関する法律 81 条で，同法同条は「投票の効力は，開票立会人の意見を聴き，開票管理者が決定しなければならない。その決定に当たっては，次条第二号の規定にかかわらず，投票用紙に印刷された反対の文字を×の記号，二重線その他の記号を記載することにより抹消した投票

は賛成の投票として，投票用紙に印刷された賛成の文字を×の記号，二重線その他の記号を記載することにより抹消した投票は反対の投票として，それぞれ有効とするほか，次条の規定に反しない限りにおいて，その投票した投票人の意思が明白であれば，その投票を有効とするようにしなければならない」とする。

174　もちろん，憲法改正の発議から国民投票までの期間が十分といっているわけではない。

　　例えば，日本国憲法の改正手続に関する法律の成立前，東京大学教授の長谷部恭男氏は「発議から国民投票まで2年以上の熟慮期間を置くべき」としていた［長谷部恭男＝杉田敦『これが憲法だ!』（朝日新聞社，2006年）202頁］。

　　また，日本弁護士連合会は「60日という期間は，仮に個別条項の改正についての国民投票のみを前提としてもなお極めて不十分といわねばならない。最低でも1年間は必要である」とする［日本弁護士連合会「憲法改正手続法の見直しを求める意見書」（2009年）2頁］。

175　自由民主党『参議院選挙公約2013』（2013年）。

176　自由民主党「公約関連」<https://www.jimin.jp/policy/manifest/>。

177　「（公約を問う）4：外交・安全保障『中・韓』『沖縄』乏しい打開策」朝日新聞DIGITAL <http://digital.asahi.com/senkyo/senkyo2013/special/TKY201307080074.html>。

　　なお，『参議院選挙公約2013』には「自衛権」という言葉はある。具体的にいうと，その記載は「憲法は，国家の最高法規。まさに国の原点です。既に自民党は，現行憲法の全ての条項を見直し，時代の要請と新たな課題に対応できる『日本国憲法改正草案』を発表しています。憲法を，国民の手に取り戻します。自民党『日本国憲法改正草案』（平成24年4月発表）の主な内容（中略）③自衛権を明記し，国防軍の設置，領土等の保全義務を規定しました」というものだ［自由民主党・前掲注（175）42頁］。その記載が，政府の憲法解釈の変更によって集団的自衛権の行使を可能にすることを示したものではないということは，明らかだ。なぜなら，政府の憲法解釈の変更でなく，憲法改正に関する記載だからだ。

178　安倍晋三内閣総理大臣答弁，第13部予算委員会議録第7号【参議院】12頁-13頁（2013年2月27日）。

179　自由民主党『J-ファイル 2013 総合政策集』(2013 年)。
180　自由民主党・前掲注 (176)，自由民主党「政策パンフレット」<https://www.jimin.jp/policy/pamphlet/>。
181　安倍晋三内閣総理大臣答弁，第 1 類第 14 号予算委員会議録第 7 号 24 頁 (2013 年 2 月 28 日)。
182　自由民主党「政策トピックス　参議院選挙公約 2013 発表　平成 25 年 6 月 20 日　自由民主党」<https://www.jimin.jp/policy/policy_topics/121527.html>。
183　自由民主党「政策トピックス　J-ファイル 2013 総合政策集　平成 25 年 6 月 20 日　自由民主党」<https://www.jimin.jp/policy/policy_topics/121526.html>。
184　自由民主党・前掲注 (179) 42 頁。
185　自由民主党『J-ファイル 2012 総合政策集』(2012 年) 39 頁。
186　朝日新聞・前掲注 (177) は「集団的自衛権は米国など密接な関係にある他国への攻撃に反撃する権利で，歴代政権は行使を違憲としてきた。今回，行使容認を公約には入れていないが，公約のもとになる総合政策集では『必要最小限度の自衛権行使（集団的自衛権を含む）を明確化』を掲げ，容認を示唆している。公約に制定を掲げる国家安全保障基本法は，この行使の手続きを定めるものだ」とする。
187　自由民主党・前掲注 (175) 27 頁。
188　前掲注 (186)，自由民主党・前掲注 (17) 10 頁。
189　憲法 73 条 1 号。
190　伊藤・前掲注 (89) 552 頁 -553 頁。
　　内閣法制局も，内閣が違憲と判断する法律が成立した場合の対応に関して，内閣は誠実に執行すると答弁した［間柴・前掲注 (28) 75 頁参照］。具体的には，2001 年 6 月 6 日，第 151 回国会参議院憲法調査会で，阪田雅裕参考人・内閣法制局第一部長（当時）は「違憲であると申し上げざるを得ないということではありますが，仮に今，平野先生御指摘のような国会法の改正がなされ，そこで政府原案の提出，提案権を否定されるということでありますれば，それは法律を誠実に執行する義務をまた国は，政府は負うわけでありますから，その国会法の規定を尊重して対処するということになろうかと思います」と答弁した［阪田雅裕参考人・内閣法制局第一部長（当時）答弁，第 26 部憲法調査会会議録第 9 号【参議院】12 頁 (2001 年 6 月 6 日)］。

191 「石破幹事長『集団的自衛権の理解は時間がかかる』」tv asahi <http://news.tv-asahi.co.jp/news_politics/articles/000011496.html>。

192 「(問う 集団的自衛権) 憲法の解釈変更は姑息 丹羽宇一郎・前中国大使」朝日新聞 DIGITAL<http://digital.asahi.com/articles/TKY201309050650.html?ref=comkiji_txt_end_s_kjid_TKY201309050650>。

193 安倍晋三内閣総理大臣答弁,衆議院会議録第2号国務大臣の演説に対する平沼赳夫君の質疑12頁(2013年1月30日)。

194 「96条改正は『裏口入学』。憲法の破壊だ 小林節・慶大教授〈憲法学〉」朝日新聞 DIGITAL<http://digital.asahi.com/articles/TKY201305030439.html?>。

195 「社説 改憲論議で忘れてはならないもの」日本経済新聞2013年5月3日日刊2頁。

196 2013年1月,内閣総理大臣でもある安倍晋三自由民主党総裁は,当選1回の自由民主党所属国会議員に,「皆さんに与えられた歴史的な使命は,日本を再び強い国にしていくことだ。ともに頑張っていこう」と発言した[自由民主党「安倍総裁『強い日本を取り戻す第一歩』通常国会がスタート」<https://www.jimin.jp/activity/news/119793.html>]。

197 解釈改憲とは,憲法の解釈によって,実質的に憲法改正をしたのと同様の効果を生じさせること。

198 2013年8月27日,時事通信のインタビューに応じた宮崎礼壱元内閣法制局長官は,政府の憲法解釈変更による集団的自衛権行使容認に関して,「(法律上)ものすごく,根本的な不安定さ,脆弱性という問題点が残る。やめた方がいいというか,できない」と述べ,反対する考えを示した。第1次安倍晋三内閣で内閣法制局長官に就任した宮崎礼壱氏は,当時,安倍晋三内閣総理大臣に対して「(解釈変更は)難しい」と伝えていたことを明らかにしたうえで,集団的自衛権に関して「憲法を改正しないと行使できないはずだという意見は(現在も)全く変わっていない」と強調した[「集団自衛権,解釈変更に反対=宮崎元法制局長官インタビュー」時事ドットコム <http://www.jiji.com/jc/zc?k=201308/2013082800562>]。

参考資料

●書籍・論文等

- 安達宜正「ここに注目！『集団的自衛権・憲法解釈変更へ』」NHK 解説委員室 <http://www.nhk.or.jp/kaisetsu-blog/300/165114.html>
- 安全保障の法的基盤の再構築に関する懇談会「報告書」（2008 年）
- 飯田泰士『憲法 96 条改正を考える』（弁護士会館ブックセンター出版部 LABO, 2013 年）
- 飯田泰士『新法対応！ネット選挙のすべて 仕組みから活用法まで』（明石書店, 2013 年）
- 飯田泰士『成年被後見人の選挙権・被選挙権の制限と権利擁護―精神・知的障害者, 認知症の人の政治参加の機会を取り戻すために―』（明石書店, 2012 年）
- 井口秀作「発議要件の緩和と『国民投票法』」奥平康弘ほか『改憲の何が問題か』（岩波書店, 2013 年）
- 石破茂『日本を取り戻す。憲法を取り戻す。』（PHP 研究所, 2013 年）
- 伊藤正己『憲法』（弘文堂, 第 3 版, 1995 年）
- 伊藤光利ほか『政治過程論』（有斐閣, 2000 年）
- 伊藤光利『ポリティカル・サイエンス事始め』（有斐閣, 第 3 版, 2009 年）
- 浦田一郎「憲法改正」小林孝輔＝芹沢斉編『基本法コンメンタール憲法』（日本評論社, 第 5 版, 2006 年）
- NHK 放送文化研究所『『憲法に関する意識調査』単純集計表』（2013 年）
- 岡田浩＝松田憲忠『現代日本の政治―政治過程の理論と実際―』（ミネルヴァ書房, 2009 年）
- 海上保安庁「排他的経済水域（EEZ）と領海及び公海の違いを教えて下さい」<http://www.kaiho.mlit.go.jp/shitugi/faq/faq15.html>
- 外務省「PKO 政策 Q&A」<http://www.mofa.go.jp/mofaj/gaiko/pko/q_a.html>
- 片山善雄＝橋本靖明「テロと国際法」防衛研究所紀要 6 巻 2 号（2003 年）
- 蒲島郁夫ほか『メディアと政治』（有斐閣, 2007 年）

- 川人貞史ほか『現代の政党と選挙』（有斐閣，2001年）
- 久米郁男ほか『政治学 Political Science:Scope and Theory』（有斐閣，2003年）
- 国際連合広報センター「国連憲章テキスト」<http://www.unic.or.jp/info/un/charter/text_japanese/>
- 国立国会図書館調査及び立法考査局政治議会課憲法室「諸外国における国民投票制度の概要」調査と情報584号（2007年）
- 最高法規としての憲法のあり方に関する調査小委員会「『直接民主制の諸制度』に関する基礎的資料」（2004年）
- ジェラルド・カーティス「総選挙結果の意味をどう見るべきか」REITI <http://www.rieti.go.jp/jp/events/bbl/03111101.html>
- 渋谷秀樹＝赤坂正浩『憲法2 統治』（有斐閣，第5版，2013年）
- 衆議院憲法審査会事務局「日本国憲法の改正手続に関する法律（憲法改正問題についての国民投票制度に関する検討条項）に関する参考資料」（2012年）
- 衆議院憲法調査会「衆議院憲法調査会報告書」（2005年）
- 自由民主党「安倍晋三総裁 記者会見 2013年7月22日」<https://www.jimin.jp/activity/press/president/121801.html>
- 自由民主党「安倍総裁『強い日本を取り戻す第一歩』通常国会がスタート」<https://www.jimin.jp/activity/news/119793.html>
- 自由民主党「公約関連」<https://www.jimin.jp/policy/manifest/>
- 自由民主党『参議院選挙公約2013』（2013年）
- 自由民主党『J-ファイル2012 総合政策集』（2012年）
- 自由民主党『J-ファイル2013 総合政策集』（2013年）
- 自由民主党「J-ファイル2013 総合政策集 平成25年6月20日 自由民主党」<https://www.jimin.jp/policy/policy_topics/121526.html>
- 自由民主党「政策パンフレット」<https://www.jimin.jp/policy/pamphlet/>
- 自由民主党「政策トピックス 参議院選挙公約2013発表 平成25年6月20日 自由民主党」<https://www.jimin.jp/policy/policy_topics/121527.html>
- 自由民主党「党の使命」（1955年）
- 自由民主党「日本国憲法改正草案Q&A」（2012年）
- 自由民主党「日本国憲法改正草案（現行憲法対照）」（2012年）
- 首相官邸「安倍晋三内閣総理大臣年頭所感（2007年1月1日）」<http://

www.kantei.go.jp/jp/abespeech/2007/01/01syokan.html>
- 首相官邸「安全保障の法的基盤の再構築に関する懇談会」<http://www.kantei.go.jp/jp/singi/anzenhosyou2/index.html>
- 首相官邸「『安全保障の法的基盤の再構築に関する懇談会』（第1回）」<http://www.kantei.go.jp/jp/singi/anzenhosyou2/dai1/gijiyousi.html>
- 首相官邸「小泉内閣総理大臣記者会見[イラク人道復興支援特措法に基づく対応措置に関する基本計画について]」<http://www.kantei.go.jp/jp/koizumispeech/2003/12/09press.html>
- 鈴木尊紘「憲法第9条と集団的自衛権—国会答弁から集団的自衛権解釈の変遷を見る—」レファレンス2011年11月号（2011年）
- 高見勝利『シリーズ憲法の論点⑤憲法の改正』（国立国会図書館調査及び立法考査局，2005年）
- 内閣総理大臣決裁「安全保障の法的基盤の再構築に関する懇談会の開催について」（2007年）の別紙「安全保障の法的基盤の再構築に関する懇談会構成員」
- 内閣総理大臣決裁「安全保障の法的基盤の再構築に関する懇談会の開催について」（2013年）の別紙「安全保障の法的基盤の再構築に関する懇談会 有識者」
- 内閣法制局「組織・業務概要」<http://www.clb.go.jp/info/about/index.html>
- 南部義典『Q&A解説・憲法改正国民投票法』（現代人文社，2007年）
- 日本弁護士連合会「憲法改正手続法の見直しを求める意見書」（2009年）
- 日本弁護士連合会「集団的自衛権行使の容認及び国家安全保障基本法案の国会提出に反対する意見書」（2013年）
- 野中俊彦ほか『憲法Ⅰ』（有斐閣，第5版，2012年）
- 野中俊彦ほか『憲法Ⅱ』（有斐閣，第5版，2012年）
- 長谷部恭男＝杉田敦『これが憲法だ！』（朝日新聞社，2006年）
- 廣澤民生「天皇の国事行為（2）」小林孝輔＝芹沢斉『基本法コンメンタール』（日本評論社，第5版，2006年）
- 藤末健三『知ってる？私たちの平和憲法』（ブイツーソリューション，改訂版，2013年）
- 防衛省・自衛隊「国際平和協力活動とは」<http://www.mod.go.jp/j/approach/kokusai_heiwa/about.html#link01>
- 防衛省・自衛隊「防衛省・自衛隊によるサイバー空間の安定的・効果的な利

用に向けて」<http://www.mod.go.jp/j/approach/others/security/cyber_security_sisin.html#capter2>
- 間柴泰治「短報 内閣法制局による憲法解釈小論」レファレンス2008年2月号（2008年）
- 松葉真美「集団的自衛権の法的性質とその発達―国際法上の議論―」レファレンス2009年1月号（2009年）
- 水島朝穂「戦争の放棄」小林孝輔＝芹沢斉編『基本法コンメンタール憲法』（日本評論社，第5版，2006年）
- 宮下茂「一般的国民投票及び予備的国民投票～検討するに当たっての視点～」立法と調査320号（2011年）
- 山岡規雄「【イタリア】原発の是非を問う国民投票」外国の立法2011年7月（2011年）

● 国会答弁等
- 安倍晋三内閣総理大臣答弁，衆議院会議録第2号国務大臣の演説に対する平沼赳夫君の質疑（2013年1月30日）
- 安倍晋三内閣総理大臣答弁，第1類第14号予算委員会議録第7号（2013年2月28日）
- 安倍晋三内閣総理大臣答弁，第1類第14号予算委員会議録第11号（2013年3月11日）
- 安倍晋三内閣総理大臣答弁，第1類第14号予算委員会議録第12号（2013年3月12日）
- 安倍晋三内閣総理大臣答弁，第1類第14号予算委員会議録第21号（2013年4月9日）
- 安倍晋三内閣総理大臣答弁，第13部予算委員会議録第7号【参議院】（2013年2月27日）
- 五十嵐敬喜参考人（当時）発言，第23部日本国憲法に関する調査特別委員会会議録第11号【参議院】（2007年5月10日）
- 石破茂衆議院議員発言，附属の1憲法調査会基本的人権の保障に関する調査小委員会議録第4号（2002年5月23日）
- 大森政輔政府委員・内閣法制局長官（当時）答弁，第1類第17号予算委員会

議録第 19 号（1996 年 2 月 27 日）
・大森政輔政府委員・内閣法制局長官（当時）答弁，第 14 部予算委員会会議録第 13 号【参議院】（1996 年 4 月 24 日）
・大森政輔政府委員・内閣法制局長官（当時）答弁，第 1 類第 17 号予算委員会議録第 21 号（1997 年 2 月 28 日）
・大森政輔政府委員・内閣法制局長官（当時）答弁，第 27 部日米防衛協力のための指針に関する特別委員会会議録第 4 号【参議院】（1999 年 5 月 11 日）
・小泉純一郎内閣総理大臣（当時）答弁，衆議院会議録第 2 号第 30 回主要国首脳会議出席に関する報告に対する岡田克也君の質疑（2004 年 8 月 2 日）
・真田秀夫政府委員・内閣法制局長官（当時）答弁，第 1 類第 13 号予算委員会議録第 6 号（1978 年 2 月 3 日）
・高見勝利参考人（当時）発言，（附属の 1）憲法調査会最高法規としての憲法のあり方に関する調査小委員会議録第 3 号（2003 年 4 月 3 日）
・橘幸信衆議院法制局法制企画調整部長（当時）答弁，憲法審査会議録第 4 号（2012 年 4 月 5 日）
・中山太郎委員長（当時）発言，第 2 類第 8 号日本国憲法に関する調査特別委員会議録第 5 号（2005 年 10 月 27 日）
・阪田雅裕参考人・内閣法制局第一部長（当時）答弁，第 26 部憲法調査会会議録第 9 号【参議院】（2001 年 6 月 6 日）
・保岡興治衆議院議員発言，第 2 類第 7 号日本国憲法に関する調査特別委員会議録第 4 号（その 1）（2007 年 3 月 29 日）
・吉國一郎政府委員・内閣法制局長官（当時）答弁，第 1 類第 1 号内閣委員会議録第 32 号（1973 年 6 月 21 日）

●答弁書
・安倍晋三内閣総理大臣「衆議院議員辻元清美君提出集団的自衛権の行使に関する質問に対する答弁書」（2013 年 8 月 13 日）
・小泉純一郎内閣総理大臣「参議院議員藤末健三君提出集団的自衛権についての政府見解等に関する質問に対する答弁書」（2005 年 10 月 21 日）
・小泉純一郎内閣総理大臣「衆議院議員伊藤英成君提出内閣法制局の権限と自衛権についての解釈に関する質問に対する答弁書」（2003 年 7 月 15 日）

・小泉純一郎内閣総理大臣「衆議院議員島聡君提出政府の憲法解釈変更に関する質問に対する答弁書」（2004 年 6 月 18 日）
・鈴木善幸内閣総理大臣「衆議院議員稲葉誠一君提出『憲法，国際法と集団的自衛権』に関する質問に対する答弁書」（1981 年 5 月 29 日）
・鈴木善幸内閣総理大臣「衆議院議員稲葉誠一君提出徴兵制問題に関する質問に対する答弁書」（1980 年 8 月 15 日）
・角田禮次郎政府委員・内閣法制局長官（当時）答弁，第 1 類第 15 号予算委員会議録第 12 号（1983 年 2 月 22 日）
・福田康夫内閣総理大臣「参議院議員喜納昌吉君提出海上自衛隊がインド洋で給油する燃料に関する質問に対する答弁書」（2007 年 10 月 16 日）

●判例
・最判昭 34 年 12 月 16 日刑集 13 巻 13 号

●報道
・「【安倍首相・憲法インタビュー】一問一答」msn 産経ニュース <http://sankei.jp.msn.com/politics/news/130427/plc13042707530006-n1.htm>
・「石破幹事長『集団的自衛権の理解は時間がかかる』」tv asahi<http://news.tv-asahi.co.jp/news_politics/articles/000011496.html>
・「イタリア，原発再開を断念　国民投票で 9 割超が反対」日本経済新聞 <http://www.nikkei.com/article/DGXNASGM1305E_T10C11A6MM8000/>
・「イタリア，原発再開を凍結へ　国民投票が成立」朝日新聞 DIGITAL<http://www.asahi.com/special/10005/TKY201106130284.html>
・「海外派兵につながらず　集団的自衛権行使容認で防衛相」msn 産経ニュース <http://sankei.jp.msn.com/politics/news/130817/stt13081710280002-n1.htm>
・「改憲論議にズレ『集団的自衛権』3 割超が PKO 想定」中日新聞 <http://www.chunichi.co.jp/article/senkyo/sanin2013/all/CK2013060402000292.html>
・「（寄稿 憲法はいま）96 条改正という『革命』憲法学者・石川健治」朝日新聞 DIGITAL<http://digital.asahi.com/articles/TKY201305020463.html?ref=comkiji_txt_end_s_kjid_TKY201305020463>
・「96 条改正は『裏口入学』。憲法の破壊だ　小林節・慶大教授〈憲法学〉」朝日

新聞 DIGITAL<http://digital.asahi.com/articles/TKY201305030439.html?>
- 「憲法改正は『歴史的使命』＝安倍首相，地元会合で表明」時事ドットコム<http://www.jiji.com/jc/c?g=pol&k=2013081200790>
- 「(公約を問う) 4：外交・安全保障『中・韓』『沖縄』乏しい打開策」朝日新聞 DIGITAL <http://digital.asahi.com/senkyo/senkyo2013/special/TKY201307080074.html>
- 「駒沢大学名誉教授・西修 憲法改正へ『世界一の難関』崩せ」msn 産経ニュース <http://sankei.jp.msn.com/politics/news/130401/plc13040103280010-n3.htm>
- 「最高裁・山本判事の会見詳細」朝日新聞 DIGITAL<http://digital.asahi.com/articles/TKY201308200375.html?ref=comkiji_txt_end_kjid_TKY201308200375>
- 「社説 改憲論議で忘れてはならないもの」日本経済新聞 2013 年 5 月 3 日日刊
- 「集団的自衛権『豪韓にも適用検討』シーレーン防衛 柳井安保法制懇座長」msn 産経ニュース <http://sankei.jp.msn.com/politics/news/130227/plc13022722250014-n1.htm>
- 「新法制局長官，集団的自衛権の解釈見直し派に」YOMIURI ONLINE<http://www.yomiuri.co.jp/politics/news/20130801-OYT1T01590.htm>
- 「(問う 集団的自衛権) 憲法の解釈変更は姑息 丹羽宇一郎・前中国大使」朝日新聞 DIGITAL<http://digital.asahi.com/articles/TKY201309050650.html?ref=comkiji_txt_end_s_kjid_TKY201309050650>
- 「内閣法制局長官に小松駐仏大使 集団的自衛権の解釈見直しへ布石」Doshinweb 北海道新聞 <http://www.hokkaido-np.co.jp/news/politics/483292.html>
- 「『法制局としても積極的に参加』，集団的自衛権の行使容認に向けた議論 小松長官」msn 産経ニュース <http://sankei.jp.msn.com/politics/news/130819/plc13081918000007-n1.htm>
- 「集団的自衛権『東南アジアも』行使対象国で石破氏」東京新聞 TOKYO Web<http://www.tokyo-np.co.jp/article/politics/news/CK2013110702000117.html>

あとがき

　憲法96条改正・集団的自衛権行使容認・原発国民投票導入に関しては，様々な考え方がある。
　それは当然だし，だからおもしろい。
　ただ，そのため，今後，自分が望まない結論になる可能性がある。
　そのとき，後悔しないように，できることは，今，しておくべきだ。
　例えば，現在，政府の憲法解釈変更による集団的自衛権行使容認が注目されているが，それに賛成の人は，自分のできる範囲で応援した方がいいし，それに反対の人は，自分のできる範囲で批判した方がいい。
　結論に影響を与える「かも」しれない。
　応援する方法はいくらでもあるし，様々な観点から批判できる。
　結論がでた後に，応援しても，批判しても，遅い。
　さて，本書の原稿が一応完成したのは，2013年9月初旬だった。
　当時，「安倍政権は，政府の憲法解釈変更による集団的自衛権行使容認の早期実現を目指している」という報道がされ，それが早期に実現する可能性がある状況だった。
　そのような状況下で出版を決定していただき，花伝社社長の平田勝氏に感謝しています。
　また，本書の出版にあたっては，校正を担当していただいた水野宏信氏をはじめ花伝社の方々にとてもお世話になっている。
　今後も，もちろん，多くの方々にご協力していただいたうえで，出版されることになる。
　そのような多くのご協力に感謝しつつ，また，この本によってどの

ような方とつながることができるのかを楽しみにしつつ，本書を終わる。

飯田泰士

飯田泰士（いいだ・たいし）
東京大学大学院法学政治学研究科修了。東京大学大学院医学系研究科生命・医療倫理人材養成ユニット修了。近時の研究分野は、憲法・選挙・医療に関する法制度。
近著に、『憲法96条改正を考える』（弁護士会館ブックセンター出版部LABO、2013年）、『新法対応！ネット選挙のすべて―仕組みから活用法まで』（明石書店、2013年）、『成年被後見人の選挙権・被選挙権の制限と権利擁護―精神・知的障害者、認知症の人の政治参加の機会を取り戻すために』（明石書店、2012年）がある。

改憲論議の矛盾――憲法96条改正論と集団的自衛権行使容認

2014年3月25日　初版第1刷発行

著者　——　飯田泰士
発行者　——　平田　勝
発行　——　花伝社
発売　——　共栄書房
〒101-0065　東京都千代田区西神田2-5-11 出版輸送ビル2F
電話　　03-3263-3813
FAX　　03-3239-8272
E-mail　kadensha@muf.biglobe.ne.jp
URL　　http://kadensha.net
振替　——　00140-6-59661
装幀　——　黒瀬章夫（ナカグログラフ）
印刷・製本――中央精版印刷株式会社

©2014　飯田泰士
本書の内容の一部あるいは全部を無断で複写複製（コピー）することは法律で認められた場合を除き、著作者および出版社の権利の侵害となりますので、その場合にはあらかじめ小社あて許諾を求めてください
ISBN 978-4-7634-0696-5 C0031